Peter Michel
Jenseitserfahrungen

Peter Michel

JENSEITS-ERFAHRUNGEN

Berichte über das Leben nach dem Tod

Mit Nahtoderlebnissen

tosa

Alle Rechte vorbehalten
Copyright © 2005 by Aquamarin Verlag
Bilder im Bildteil von Sulamith Wülfing
Umschlag von kraxenberger konzept & design, München-Unterföhring
Copyright © dieser Ausgabe 2005 by Tosa Verlagsgesellschaft m.b.H., Wien
Druck: Druckerei Theiss GmbH, St. Stefan im Lavanttal, Austria

Inhalt

Einleitung 7
Kapitel 1
Todesvorstellungen in der Antike 11
    Stammeskulturen 13
    Totenkult und Jenseitsreisen im Alten Ägypten 14
    Das Gilgamesch-Epos 18
    Das Zeitalter des Mythos 19
    Der Dionysos-Mythos 19
    Der Orpheus-Mythos 20
Kapitel 2
Die moderne Sterbeforschung 23
    Die Anfänge 25
    Charles W. Leadbeater 26
    Franz Hartmann & Erhard Bäzner 27
    Willigis 28
    Flower A. Newhouse 28
    Raymond A. Moody 29
    Elisabeth Kübler-Ross 36
    Hans Stolp 44
Kapitel 3
Die Erfahrungsberichte 45
    Nah-Tod-Erfahrungen 47
        Befreit vom Körper 48
        Der Tunnel 50
        Das Licht und die Lichtwesen 51
        Die Rückschau 53
        Liebe 54
        Die innere Verwandlung durch Nah-Tod-Erfahrungen ... 58
        Epilog 63
    Berichte vom Leben nach dem Tod 65
    Charles W. Leadbeater 67

Inhalt

    Das Leben in der geistigen Welt 68
    Die wahren Tatsachen 72
    Das Fegefeuer 78
    Die Himmelswelt 87
    Viele Wohnsitze 95
    Unsere Freunde im Himmel 101
    Schutzengel 108
    Unsichtbar tätige Menschen 113
    Die Hilfe für die Toten 121
Gisela Weigl und Franz Wenzel 125
    Leben und Sterben 126
    Der Tod durch Mord oder Selbstmord 139
    Das Sterben in der heutigen Zeit 142
    Die Betreuung von Kranken und Sterbenden 147
    Der Vorgang des Sterbens 151
    Die Liebe aber bleibt 157
    Erlebnisse mit Verstorbenen 161
    Stätten der Finsternis 180
    Geistige Ebenen 183
Willigis 187
    Vom Sterben 188
Flower A. Newhouse 199
    Der Tod und das Leben danach 200
Hans Stolp 209
    Der Weg nach dem Tod durch die Reiche
    der geistigen Welt 210
    Der Aufenthalt in den Lichtwelten
    oder der Devachan-Ebene 222
    Der Weg zu einem neuen Dasein auf Erden 232
Epilog 235
Literaturhinweise 237

Einleitung

Keine andere Frage hat den Menschen seit Anbeginn des Lebens mehr beschäftigt als jene: „Gibt es ein Leben nach dem Tod?" Seit Urzeiten haben Schamanen, Heilige, Medizinmänner, Eingeweihte, Druiden oder Priester ihren Völkern Antworten geliefert, die ihren Zeitgenossen die Gewissheit eines Weiterlebens nach dem Tod vermitteln sollten. Wer sich mit diesen Antworten oder Ein-Sichten befasst, wird mit Erstaunen feststellen, dass sich zwar die Kulturen und die gesellschaftlichen Verhältnisse dramatisch verändert haben, doch die Antworten auf diese eine grundlegende Frage erstaunlich gleich geblieben sind.

Schon die frühen mythologischen Zeugnisse über die Götter und ihr Wirken drehten sich vielfach um die Frage eines jenseitigen Fortlebens. Keine archaische Kultur ging davon aus, mit dem Tod sei „alles aus". Diese atheistisch-nihilistische Position tritt in der Breite erst mit dem Heraufdämmern des industriellen Zeitalters auf.

Bereits die ersten Stammeskulturen zeigen ein Wissen oder Ahnen um die Existenz einer jenseitigen Welt, deren Wirklichkeit sie in einfachen Zeugnissen festzuhalten versuchen. Die Verbundenheit mit einer höheren Wirklichkeit und das Eingebettetsein in ein höheres Dasein verlieh ihrem Leben Sinn. Das irdische Leben war Teil eines größeren Ganzen, in dem die „Götter" in einem wie auch immer verstandenen Jenseits herrschten, in das jeder Erdenbewohner einmal eintreten würde.

Die ersten Hochkulturen der Menschheit entfalten dann schon eine ausgebildete Jenseitslehre und einen mit zahlreichen

Einleitung

Ritualen ausgestatteten Totenkult. Vor allem das Alte Ägypten zeichnete sich aus in der Erforschung des Jenseits und in der Erkundung, welche Wege die Seele nach dem Tod zu beschreiten hätte.

In allen Kulturen und in allen großen Weltreligionen kommt der Frage nach den „letzten Dingen" entscheidende Bedeutung zu, wobei festzustellen ist, dass auch in den so genannten „Offenbarungsreligionen" die Lehren über ein Leben nach dem Tod sich entwickeln und nicht bei den Aussagen der jeweiligen Gründergestalten stehen bleiben. Sie werden ausgereifter, enthalten Ausschmückungen und gewinnen neue Dimensionen hinzu. Es scheint so, als ob jede Generation dem schon vorhandenen Wissen neue Einsichten und Erkenntnisse hinzufügt. Wenn man einmal annimmt, dass es neben der biologischen Evolution möglicherweise auch eine „Evolution des Bewusstseins" gibt, so kann es nicht verwundern, dass diese sich gerade in der Erforschung einer jenseitigen Wirklichkeit deutlich abzeichnet.

Das 20. Jahrhundert fügt den Einsichten der Weisen, Seher und Mystiker eine neue Dimension hinzu – die „Nah-Tod-Erfahrung". Zweifelsohne ist die Nah-Tod-Erfahrung keine „Erfindung" der Neuzeit, wie ein sorgfältiges Studium von Grenzerfahrungen in der Geschichte der Menschheit zeigt, doch ist die auftretende Fülle dieses Phänomens untrennbar verknüpft mit den Entwicklungen der modernen Medizin. Eine Fülle technischer Errungenschaften ermöglicht es vor allem den Notärzten, Menschen wiederzubeleben, die in früheren Jahrhunderten gestorben wären. Galt es im Mittelalter eher als „Wunder", wenn ein Mensch „von den Toten zurückkehrte", so zählen heute Nah-Tod-Erfahrungen, wie eine Fülle wissenschaftlicher Untersuchungen bewiesen haben, fast schon zum Alltag

Einleitung

des europäischen oder amerikanischen Krankenhausbetriebes. Die große Zahl dieser Erlebnisse hat es der Menschheit insgesamt ermöglicht, den Schleier zwischen Diesseits und Jenseits ein wenig höher zu heben, als es je zuvor in der Geschichte der Fall war. Der Tod hat dadurch nichts von seiner Endgültigkeit verloren, vor allem für die Hinterbliebenen, wohl aber vieles von seinem Schrecken. Noch immer bleiben viele Fragen offen, denn „der Seele Grenzen kann man", wie schon Heraklit wusste, „nicht ausfindig machen, selbst wenn man alle Straßen erwandert, so tiefen Sinn birgt sie". Doch der Himmel ist dem Menschen ein wenig näher gerückt, und wer „Augen hat zu sehen", der kann genügend Zeugnisse finden, die von jenem Licht künden, das „heller ist als tausend Sonnen".

Kapitel 1

Todesvorstellungen in der Antike

Stammeskulturen

Erste Dokumente über Totenkulte oder bestimmte Bestattungsriten finden sich bereits bei den frühesten Funden über menschliches Leben. Selbst so genannte „primitive Stammeskulturen" gingen von einem Leben der Seele nach dem Tod aus und trugen dieser Überzeugung in ihren einfachen kultischen Handlungen Rechnung. Der Neandertaler übte anscheinend gewisse Rituale aus, wenn er seine Toten bestattete. Die ältesten Funde, die von menschlichem Leben zeugten, waren Knochenfunde. Die Begräbnisfeierlichkeiten waren auch rituelle Handlungen, die Diesseits und Jenseits verbanden. In der Erinnerung an der Begräbnisstätte war der Verstorbene gegenwärtig. Somit liegt auch in der Bewältigung der Todesproblematik der Beginn eines religiösen Lebens, wenn man die Annahme einer transzendenten, ewigen Wirklichkeit als ersten, aber grundlegenden Baustein für diese Anfänge von Religion gelten lassen möchte. Gräber im heutigen Irak, deren Alter auf etwa sechzigtausend Jahre geschätzt wird, belegen die Existenz bestimmter Zeremonien und ritueller Handlungen, die beim Tod eines Stammesmitgliedes von den Hinterbliebenen durchgeführt wurden.

Für den Menschen des 21. Jahrhunderts stellt sich die Frage, welche Vorstellungen sich die Menschen vor fünfzigtausend Jahren vom Leben nach dem Tod machten. Wenn man die Ausgrabungsergebnisse vorsichtig deutet, so lassen sich eindeutige Hinweise finden, die für die frühen Stammeskulturen den Glauben an eine „bewusste" Fortexistenz in einer anderen Dimension belegen. Es wird nicht mehr möglich sein, die Art beziehungsweise Höhe des Bewusstseins jener Kulturen zu dokumentieren, aber ohne Zweifel stellte für die Menschen jener Zeit der Tod ein so dramatisches Ereignis dar, dass ihm eine tiefe Würdigung gezollt werden musste. So bildete sich

bereits in jener Frühzeit menschlicher Entwicklung eine Art „Totenkult" aus, der die Grundlage von Bestattungsriten zahlloser Kulturen und religiöser Traditionen bilden sollte.
Nach heutiger Erkenntnis dauerte es aber noch nahezu vierzigtausend Jahre, bis die ersten umfangreichen und zahlenmäßig bedeutsamen Begräbnisstätten oder Friedhöfe errichtet wurden. Auf diesen ließen sich dann frühe Steinmonumente oder einfache Grabsteine finden, die Hinweis auf den- oder diejenigen lieferten, der an oder die an jenen Orten bestattet worden waren. Etwa zu dieser Zeit lassen sich auch erste Grabbeigaben nachweisen, die dem Verstorbenen, entsprechend seiner sozialen Stellung, mitgegeben wurden. So wiesen Messer, Pfeile oder andere waffenartige Gegenstände wohl darauf hin, dass der Verstorbene ein Krieger gewesen war. Häufig fanden sich aber auch Vasen, Krüge oder kleinere Trinkgefäße, die wohl andeuten sollten, dass der Verstorbene im Jenseits eine dem irdischen Dasein ähnliche Existenz fristete.
Interessant ist auch der Sachverhalt, dass schon sehr früh die Verstorbenen in einer hockenden Stellung mit zusammengebundenen Händen und Füßen begraben wurden. Eine Haltung, die stark an einen Fötus erinnerte und offensichtlich den Gedanken zum Ausdruck bringen sollte, dass der Tod eine „neue Geburt" war.

Totenkult und Jenseitsreisen im Alten Ägypten

Die magische Kultur Ägyptens hat wie keine andere des Altertums dem Totenkult eine immense Bedeutung zugemessen. Die Veröffentlichungen von Wandmalereien aus Königsgräbern, aber auch schon aus den Grabkammern höherer

Totenkult und Jenseitsreisen

Beamter, zeigen, dass jeder Ägypter aus einer höheren Gesellschaftsschicht schön früh damit begann, sich ein „Haus für die Ewigkeit" zu bauen. Die gesamte ägyptische Kultur war geprägt von der Durchdringung zwischen diesseitiger und jenseitiger Welt. Aufgrund dieser Jenseitsbezogenheit kann es auch nicht verwundern, dass eine gewaltige Priesterschar damit befasst war, den dadurch entstehenden religiösen Bedürfnissen Rechnung zu tragen. Je wohlhabender der Einzelne war, desto prächtig fiel sein „Haus für die Ewigkeit" aus.

Die beeindruckendste Zusammenfassung des ägyptischen Jenseitswissens findet sich im so genannten „Ägyptischen Totenbuch", dessen ursprüngliche Fassung, sofern es sich nicht um eine über viele Jahrhunderte entstandene Schrift handelt, sich im Dunkel der Zeiten verliert. Bemerkenswert ist allerdings, dass bereits die alten Ägypter ein „Totengericht" kannten, das jedoch in wesentlichen Zügen einer weltlichen Gerichtsbarkeit glich. Eine wie auch immer verstandene äußere (göttliche?) Instanz saß über die zurückgekehrte Seele zu Gericht. Die moderne Sterbeforschung kennt dagegen nur die „seelische Rückschau", die häufig mit einem Rollentausch einhergeht, in welcher der in die Geistige Welt Eingetretene gewissermaßen sein eigener Richter ist.

Ein weiteres faszinierendes Detail des ägyptischen Totenkultes bestand in der immer wiederkehrenden Darstellung der Seele (Ka), die den Körper verlässt, aber manchmal noch durch eine Art Band mit diesem verbunden ist. Hier nimmt die ägyptische Einweihungstradition ein Phänomen vorweg, das im 20. Jahrhundert unter der Begrifflichkeit „Silberschnur" und „Astralkörper" wieder auftaucht. Die Beschreibungen von Menschen, welche die Fähigkeit zu so genannten „Astralreisen" besaßen, und noch weitaus häufiger die Berichte von Menschen mit „Nah-Tod-Erfahrungen" weisen eine solche verblüffende Parallelität zu den ägyptischen Überlieferungen und Wand-

Todesvorstellungen in der Antike

malereien auf, dass hier nicht mehr von Zufall die Rede sein kann.

Die Aufzeichnungen des „Ägyptischen Totenbuches", wie sie uns heute vorliegen, dürften auf eine fünftausendjährige Geschichte zurückgehen, und faszinieren selbst am Beginn des 21. Jahrhunderts mittels einer großen Ausstellung Millionen von Menschen in Ost und West, in Nord und Süd.

Besondere Berühmtheit im ägyptischen Totenkult erlangte die Szene von der Rückkehr des Verstorbenen ins Reich des schakalköpfigen Totengottes Anubis, der dann beim Totengericht das Herz des Zurückgekehrten wiegt. Sein Urteil allein entschied darüber, welchen Weg die Seele in den jenseitigen Welten einschlagen durfte. Entweder ging der Weg des Verstorbenen hinab in die Dunkelheit der Unterwelt oder sein Pfad führte empor ins Lichtreich des Osiris. Dieses „klassische Modell" des Totengerichtes hat jahrtausendelang die religiösen Überlieferungen zahlloser Kulturen geprägt und bis in die Neuzeit hinein in der Malerei seinen künstlerischen Ausdruck gefunden.

Für die alten Ägypter bestand kein Zweifel an der Unsterblichkeit des Menschen. Sie glaubten an eine feinstoffliche Wesenheit, die im Augenblick des Todes die physische Hülle verließ, um in eine andere Welt einzutreten. Die Vorstellungskraft reichte nicht aus, um sich diese Jenseitswelten auszumalen, doch wurden sie durchaus auch als gefährlich eingestuft. Daher musste die Seele auf dem Weg in oder durch die Jenseitswelten eine Reihe von Gefahren bestehen. Vor dem Hintergrund dieser Glaubensüberzeugung sind daher die zahlreichen Grabbeigaben zu verstehen, die dem Verstorbenen auf seinem beschwerlichen Weg mitgegeben wurden. Zusätzlich erhielt er Amulette, Talismane und Zaubersprüche, um feindlichen Wesen in den Zwischenreichen nicht ungeschützt gegenübertreten zu können.

Die blaue Wolke bildet sich

Für die magische Kultur Ägyptens war das Jenseits bevölkert mit zahllosen Wesenheiten, die bei weitem nicht alle dem Menschen freundlich gesonnen waren. Es galt also, bereits zu Lebzeiten Vorsorge zu treffen, das „Haus der Ewigkeit" gut auszustatten und somit ausreichend vorbereitet zu sein, um die Pforte zum Lichtreich des Osiris zu erreichen.

Das Gilgamesch-Epos

Die Erzählung von der Heldengestalt Gilgamesch, deren älteste Teile im 17. Jahrhundert v. Chr. abgefasst worden sind, stellt eines der ältesten Dokumente der Menschheitsgeschichte über den Tod und seine Unvermeidlichkeit dar. Konfrontiert mit dem Tod seines besten Freundes Engidu bricht er auf, um das geheimnisvolle Lebenskraut zu suchen, das den Tod zu überwinden hilft. Die Konfrontation mit der Endlichkeit des Lebens führt ihn zur Auseinandersetzung mit dem Jenseits. Er setzt alle seine Kräfte ein, um die Geheimnisse des Schattenreiches, die unergründliche Welt der Toten zu erforschen. Dabei treiben ihn sowohl die eigene Todesfurcht als auch der unstillbare Drang nach Erkenntnis an.

Noch vor den Griechen der mythologischen Epoche wird in der Figur des Gilgamesch die menschliche Suche nach einem Verstehen dessen deutlich, was hinter dem Schleier des Jenseits geschieht. Das Gilgamesch-Epos endet ohne Antwort auf die Frage nach Tod und Unsterblichkeit, aber die Suche nach Verständnis und Erkenntnis bricht sich hier erstmals in epischer Breite Bahn.

Das Zeitalter des Mythos

Im Sprachgebrauch der Moderne wird mit dem Begriff „Mythos" vielfach eine eher negative Prägung verbunden. Man spricht vom Mythos und meint vielfach etwas Unwahres, Unwirkliches oder nur Erfundenes. Damit trifft man jedoch nicht die ursprüngliche Bedeutung des Wortes und den tieferen Hintergrund, den ihm die Griechen beilegten.
Für das antike Griechenland verkörperte sich im Mythos eine uralte Überlieferung, ein durch Tradition verbürgtes Wissen, das möglicherweise überrational, aber niemals irrational war – in gewisser Weise eine heilige Botschaft. Der Mythos der Griechen erzählte nicht unbedingt eine historische Begebenheit, sondern kündete von etwas Archetypischem, einem stets wiederkehrenden Menschheitsgeschehen. In sprachgewaltigen Bildern wurde etwas Ur-Menschliches überliefert, selbst wenn die Handlung in der Welt der Götter spielte. Der Mythos stand somit dem Logos gegenüber. Er lieferte keine Argumente; er lieferte machtvolle Bilder.
Eines der zentralen Themen im griechischen Mythos ist der Tod. Das schicksalhafte Verbundensein von Sterblichen und Unsterblichen, die geheimnisvollen Wege des Menschen durch die Unterwelt und die Suche nach Erkenntnis zeichnet die mythische Erzählung in einprägsamen, unvergänglichen Bildern.

Der Dionysos-Mythos

Dionysos wird vom Göttervater Zeus und einer menschlichen Frau, Semele, gezeugt. Die Göttermutter Hera rächt sich jedoch an ihr, weshalb Dionysos in einem Schenkel des Zeus aus-

getragen werden muss. Als nahezu göttliches Wesen unterliegt er naturgemäß nicht den gewöhnlichen Grenzen des Menschlichen und verkörpert daher einen gewissen „göttlichen Wahnsinn". Schließlich wird aber auch er, trotz seiner Abstammung von der Unsterblichen, getötet. Doch Dionysos kehrt immer wieder zurück und verkörpert im griechischen Mythos so den Kreislauf von Tod und Wiedergeburt.
Für die frühen griechischen Philosophen wurde er so zum Gott der Totenwelt, der für die Übergänge von einem Reich in ein anderes zuständig ist – vom Diesseits ins Jenseits und vom Jenseits ins Diesseits.

Der Orpheus-Mythos

Der Orpheus- und der Dionysos-Mythos sind in ihrer Ausgestaltung auf vielfältige Weise miteinander verwoben. Orpheus war ein berühmter mythischer Sänger aus Thrakien, der Sohn der bedeutendsten Muse – Kalliope. Ihm war es beschieden, in die Unterwelt, den Hades, hinabzusteigen, um dort die Geheimnisse des Jenseits zu ergründen und als Eingeweihter in seine Mysterien zurückzukehren. Da es ihm gelungen war, den Tod zu überwinden und so das ewige Leben zu erlangen, galt er von da an als göttlicher Bote und Verkünder der Unsterblichkeit.
Auf seinen Namen gründen die „orphischen Mysterien", die in der Frühzeit Griechenlands die Reinigung (Katharsis) der menschlichen Seelen lehrten, um sie so dem Grab des Körpers zu entwinden und befreit in eine höhere Welt zu erheben. Später wurde er von den Anhängerinnen des Dionysos getötet, ließ aber noch im Sterben sein tragisches Lied erklingen, das selbst in der Totenklage von der Unsterblichkeit der Seele kündet.

Der Orpheus-Mythos

Mehr noch als Dionysos prägte die Orpheus-Gestalt über die mythische Phase hinaus das griechische und damit das abendländische Denken. Vor allem die Vorstellung von der Notwendigkeit einer „Reinigung der Seelen", um ins Jenseits eintreten zu dürfen, sollte in den folgenden Jahrhunderten immer wieder von Bedeutung werden. Selbst die spätere christliche Lehre vom „Fegefeuer" dürfte hier ihre Anleihen genommen haben.
Der Mythos verlor niemals seine eigentümliche Kraft; und auch als nach der Mythologie des großen Homer die Philosophie ihren unaufhaltsamen Siegeszug in Griechenland begann, traf man ihn wieder. Selbst Platon sollte seine tiefsinnige Jenseitslehre in seinem Meisterdialog „Phaidon" in einen Mythos einkleiden.

Todesvorstellungen in der Antike

Die großen Lebensentwürfe des mythischen Zeitalters prägten in den nachfolgenden Jahrhunderten in weiten Zügen die Lehren über das Leben nach dem Tod in den großen Weltreligionen. Dabei lassen sich wiederkehrende, aber auch stark von einander abweichende Züge ausmachen. Im Grundsätzlichen sind sich aber die fünf großen Weltreligionen darin einig, dass eine, wie auch immer verstandene geistig-seelische Wesenheit das Absterben ihrer physischen Hülle überlebt.
Zum Ende des 19. Jahrhunderts, mit dem Aufkommen der spiritualistischen Bewegung in England und der Gründung der Theosophischen Gesellschaft im Jahr 1875, begann dann eine neue Epoche, die man die „Moderne Sterbeforschung" nennen könnte.

Kapitel 2

Die moderne Sterbeforschung

Die Anfänge

Die Erkenntnisse über das Leben nach dem Tod, wie sie der Menschheit am Anfang des 21. Jahrhunderts vorliegen, lassen sich im vorangegangenen Jahrhundert in zwei Abschnitte unterteilen, die man die „Epoche der Mystiker" und die „Epoche der Wissenschaftler" nennen könnte. Die erste beginnt mit den wegweisenden Arbeiten des bedeutendsten Theosophen, des Engländers Charles W. Leadbeater, die zweite mit den Veröffentlichungen der Forschungsberichte von Raymond A. Moody und Elisabeth Kübler-Ross. Interessanterweise führte, vor allem bei Elisabeth Kübler-Ross, die Beschäftigung mit den wissenschaftlichen Forschungsergebnissen die Forscher selbst auf einen persönlichen spirituellen Weg, wie sich nachfolgend zeigen lassen wird. Die Frage eines Weiterlebens nach dem Tod ist von einer so existenziellen Bedeutung für jedes menschliche Wesen, dass sie nicht in einem gewissermaßen distanzierten objektiven Raum untersucht werden kann, der frei ist von jeglicher innerer Betroffenheit. Sterbeforschung (Thanatologie) ist die Auseinandersetzung mit Sein und Nicht-Sein, die nicht verglichen werden kann mit der Analyse biochemischer oder physikalischer Messdaten in Laboren.

Wenn man die Ergebnisse der großen Mystiker mit jenen der modernen Sterbeforscher vergleicht, so zeigt sich, dass sie, von wenigen Einzelheiten abgesehen, in den großen Zügen vollständig übereinstimmen. Die Lösung eines feinstofflichen Körpers aus der physischen Hülle, das Emporschweben in eine Lichtwelt, die Tunnelerfahrung, der Lebensfilm mit dem Rückblick über das vergangene Erdenleben sowie die Schilderung einer unendlichen Glückseligkeit und Geborgenheit, dies alles erkannten bereits die großen Seher des Altertums und der Neuzeit.

Charles W. Leadbeater

Charles Webster Leadbeater wurde am 16. Februar 1854 im englischen Stockport geboren und starb am 29. Februar 1934 im australischen Perth. Ursprünglich Diakon der anglikanischen Kirche, wandte er sich Mitte der Achtzigerjahre des 19. Jahrhunderts der damals gerade erst wenige Jahre bestehenden Theosophischen Gesellschaft zu. Er kam in Kontakt mit ihrer Gründerin, der Russin Helena P. Blavatsky, und später mit der zweiten Präsidentin der Theosophischen Gesellschaft, der Engländerin Annie Besant, die zu ihrer Zeit als eine der progressivsten und bedeutendsten Frauen ihrer Zeit galt. Charles Leadbeater und Annie Besant verband bald eine enge Freundschaft, die bis zu ihrem Tode halten sollte und literarisch von großer Bedeutung war. Beide veröffentlichten eine Reihe von Büchern über die Wirklichkeit von höheren Welten, über die Aura und die feinstofflichen Körper des Menschen sowie über das Fortleben nach dem Tod. Zu einer Zeit, in der die materialistische Weltanschauung in ihrer Blüte stand, waren ihre Veröffentlichungen von revolutionärer Sprengkraft. Was dem geistig aufgeschlossenen Menschen des 21. Jahrhunderts als Selbstverständlichkeit gilt, betrachteten weite Kreise des ausgehenden 19. Jahrhunderts eher als Zeichen möglicher Geisteskrankheit.

Dennoch war die Verbreitung eines neuen Welt- und Menschenbildes nicht aufzuhalten; und nicht zuletzt das unsagbare Leid des Ersten Weltkrieges führte dazu, dass die Frage eines Weiterlebens nach dem Tod mit dramatischer Aktualität in das Denken und Hoffen der Menschen einbrach.

Leadbeater schenkte mit seinen Büchern, vor allem seiner Studie über „Das Leben in der Geistigen Welt", Millionen von Menschen Trost und Hoffnung, und seine Schilderungen haben auch heute noch immer die Kraft, dem Leser die Gewissheit

vom Weiterleben der menschlichen Seele nach dem Ablegen des physischen Körpers zu vermitteln.
Der Tod ist in Wahrheit ein neuer Anfang auf dem unendlichen Weg zur göttlichen Quelle. „Wir nähern uns immer mehr dem Göttlichen, werden eins mit Ihm Stufe für Stufe, aber die Flamme, sein wahres Bewusstsein, werden wir nie berühren. Es gibt viele Stufen auf dem Weg, und diese werden, je höher wir uns emporschwingen, immer unbeschreiblicher in ihrer Schönheit. Zu welcher Höhe wir unser Bewusstsein auch immer erheben mögen, in welche unbeschreibliche Herrlichkeit wir auch immer emporgelangen können, wir schauen dahinter immer wieder etwas noch Herrlicheres. Die Flamme weicht immer zurück."

Franz Hartmann & Erhard Bäzner

Der Arzt und Apotheker Dr. Franz Hartmann wurde am 22. 11. 1838 in Donauwörth geboren und starb am 7. 8. 1912 in Kempten. Auch er gehörte der Theosophischen Gesellschaft an und war ihr vielleicht bedeutendster Repräsentant deutscher Sprache, wenn man einmal Rudolf Steiner unberücksichtigt lässt, der nach seiner Zeit als langjähriger Generalsekretär der Deutschen Sektion der Theosophischen Gesellschaft bekanntlich 1913 die Anthroposophische Gesellschaft ins Leben rief.
Hartmanns fähigster Schüler war Erhard Bäzner (gest. 1963), der wie sein Lehrer auch die Fähigkeit besaß, der Seele auf ihrem Weg in die höheren Welten mit seherischem Blick zu folgen. Sein Werk „Das Rätsel des Lebens und das Geheimnis des Todes" war im deutschen Sprachraum für Jahrzehnte die wohl einflussreichste Veröffentlichung über das Leben nach dem Tod, zumal Bäzners Freund Franz Wenzel aufgrund seiner Be-

schreibungen beeindruckende Bildwerke schuf, die Bäzners Schauungen auch dem Nicht-Mystiker zugänglich machten. In den Achtzigerjahren des 20. Jahrhunderts wurden diese Bilder von Wenzels Tochter Gisela Weigl erstmals veröffentlicht. Ihr gemeinsames Werk „Der entschleierte Tod" gründet auf den Arbeiten von Franz Hartmann und Erhard Bäzner und die nachstehend abgedruckten Farbtafeln sind ihrem Buch entnommen.

Willigis

Zahlreiche Forscher, die sich mit dem Fortleben der Seele nach dem Tod befassten, zogen es vor, nicht ins Licht der Öffentlichkeit zu treten. Einer von ihnen war Willigis, der völlig zurückgezogen im Schwarzwald lebte. Er stand der Anthroposophie nahe, schloss sich aber die der Gesellschaft an, da er seine geistige Unabhängigkeit wahren wollte. Nur wenige Menschen wussten zu seinen Lebzeiten um seine Fähigkeiten, und erst nach seinem Tod veröffentlichte einer seiner wenigen Schüler seine mystischen Erlebnisse, die später dann auch in Buchform („Das Testament eines Eingeweihten") erscheinen sollten. Der hier abgedruckte Beitrag entstammt diesem Werk.

Flower A. Newhouse

Die Amerikanerin Flower A. Newhouse gehört, neben Rudolf Steiner und Teilhard de Chardin, zweifelsfrei zu den größten christlichen Mystikern des 20. Jahrhunderts. Aber ähnlich wie Simone Weil erhielt auch sie bisher nicht die öffentliche Anerkennung, die ihr Werk eigentlich verdiente. Vielleicht hängt

dies damit zusammen, dass vor allem die Frauen mit ihren inneren Schauungen nicht offensiv in die Gesellschaft gingen. Was andererseits verständlich erscheint, wenn man bedenkt, dass die Mystik im 20. Jahrhundert noch manchen Verdächtigungen und Anfeindungen ausgesetzt war. Die Lebensgeschichten von Rudolf Steiner oder Teilhard de Chardin liefern hier eindrückliche und erschreckende Beweise.
Flower A. Newhouse wurde am 10. 5. 1909 in Allentown, einer kleinen Stadt im amerikanischen Bundesstaat Pennsylvania, geboren. Sie lebte und lehrte fast ein halbes Jahrhundert in ihrem Zentrum „Questhaven" im Süden Kaliforniens, wo sie am 8. 7. 1994 ihren physischen Körper ablegen konnte.
Neben ihren einflussreichen Veröffentlichungen über das Wirken der Engel, die lange vor dem eigentlichen „Engel-Boom" zahllose Auflagen erlebten, widmete sie sich in ihren Vorträgen und Büchern auch dem Weiterleben nach dem Tod. Das Herzstück des Christentums, auf das sie in ihrem Werk „Das Christuslicht" ausführlich einging, betrifft das Oster-Mysterium. Die Auferstehung Christi am Ostermorgen offenbarte der Menschheit die Gewissheit von einem Weiterleben nach dem Tod. Dies galt nicht nur für Jesus von Nazareth, sondern für alle Menschen.

Raymond A. Moody

Als Raymond Moody in der zweiten Hälfte der Sechzigerjahre begann, Erfahrungsberichte von Menschen zu sammeln, die klinisch tot waren, ahnte er nicht, welche ungeheure Lawine er lostreten würde. Im Jahr 1972, als er sich an der Medizinischen Fakultät als Student einschrieb, hatte er bereits eine umfangreiche Materialsammlung zusammengetragen, mit bewegen-

Die moderne Sterbeforschung

den Berichten von Menschen aller Glaubensrichtungen und sozialen Schichten. Ihnen allen waren gewisse Erfahrungen gemein, die Moody später in seinem Weltbestseller „Leben nach dem Tod" veröffentlichte. Von diesem Augenblick an brachen alle Dämme, die das „Tabu-Thema" Tod vorher von allen öffentlichen Diskussionen ausgegrenzt hatten.

Zahllose Menschen bekannten sich überall auf der Welt plötzlich zu ihren ähnlichen Erfahrungen, nachdem sie begriffen hatten, dass sie keineswegs „unnormal" oder gar verrückt waren, sondern dass ihre Erlebnisse im Grenzbereich des Todes und am Rande einer geistigen Welt von vielen anderen geteilt wurden. Von diesem Augenblick an war die moderne Sterbeforschung geboren, deren Erkenntnisse in bewegender Weise das bestätigten, was die großen Mystiker der Vergangenheit und der Neuzeit, wie Leadbeater, Hartmann oder Willigis, in ihren Werken bereits verkündet hatten. Es gibt ein Leben nach dem Tod. Die menschliche Seele ist unsterblich!

Nachdem Moodys Erfahrungsberichte veröffentlicht wurden, erhob sich natürlich schnell der Chor der ewigen Zweifler und Kritiker, die den Menschen die Echtheit ihrer Erfahrung absprechen wollten und sie seltsamsten Erklärungsversuche unternahmen, um die Wirklichkeit eines Fortlebens nach dem Tod zu bestreiten. Im Grunde hat sich, trotz einer überwältigenden Fülle an überzeugendem Beweismaterial, an den Fronten von Gegnern und Befürwortern auch am Anfang des 21. Jahrhunderts wenig verändert.

Es gibt eine ausgesprochen erhellende Anekdote, die der amerikanische Arzt Michael Sabom überlieferte, der sich intensiv mit den Nah-Tod-Erfahrungen befasst hat. Nach einem seiner Vorträge, in denen er sich positiv mit den Erfahrungen klinisch Toter auseinandergesetzt hatte, stand ein Herzspezialist auf und stellte Sabom wutentbrannt zur Rede. Er sei seit dreißig

Jahren Arzt und habe als Kardiologe in dieser Zeit zahllose Menschen vom Rande des Todes zurückgeholt. „Seit Jahren habe ich mit diesen Dingen zu tun", schrie er Sabom an. „Und trotzdem habe ich noch mit keinem Patienten gesprochen, der so ein Todesnähe-Erlebnis gehabt hat."
Noch bevor Sabom sich zu diesem Vorwurf äußern konnte, erhob sich ein anderer Zuhörer, der zufälligerweise kurz hinter dem Kardiologen saß. „Ich bin einer der Patienten, die Sie gerettet haben, und ich sage Ihnen jetzt direkt ins Gesicht: Sie wären der Letzte, dem ich von meinem Todesnähe-Erlebnis erzählen würde."
Diese beeindruckende Geschichte belegt auf bewegende Weise, welche Voraussetzungen gegeben sein müssen, um über derart tiefgreifende und berührende Erfahrungen wie „Nahtod-Erlebnisse" zu sprechen – nämlich Vertrauen, Angenommensein und Liebe. Nur wenn dieser geschützte Raum vorhanden ist, öffnet ein Mensch sein Herz, um über jenes Erleben zu sprechen, das ihn so außerordentlich erschüttert hat.

Die Nahtod-Erfahrungen verlaufen immer wieder nach ähnlichen Mustern, wie Moody bei seinen Untersuchungen herausfand. Der „Sterbende" löst sich von seinem physischen Körper, sieht diesen unter sich liegen, nimmt alles wahr, was geschieht, kann sich aber selbst nicht mehr auf der physischen Ebene bemerkbar machen. Durch einen Tunnel schwebt er dem Licht entgegen. Dort erblickt er die geistigen Formen von bereits verstorbenen Freunden oder Verwandten und begegnet einem unendlich liebevollen „Lichtwesen", das er zuvor noch nie gesehen hat. Dieses Wesen richtet, ohne Worte zu gebrauchen, eine Frage an ihn, die ihn dazu bewegt, einen Rückblick über sein bisheriges Leben zu halten. Mit seiner Hilfe kommt es dann zu einem Panorama-Rückblick über sein bis dahin vergangenes Leben, in dem er selbst als objektiver Richter auftritt. Nach

Die moderne Sterbeforschung

diesem Erleben schildern viele Betroffene die Begegnung mit einer Lichtschranke, die sie von der jenseitigen Welt trennte; und es wurde ihnen bewusst, dass sie zurückkehren mussten in ihren physischen Körper. Der Zeitpunkt ihres endgültigen Todes war noch nicht gekommen.

Häufig wird die Frage nach der Natur dieses „Lichtwesens" gestellt und mit verschiedenen Antworten versehen. In der Regel neigen die Menschen dazu, in ihm eine Art Schutzengel zu sehen, der über ihrem Leben wachte. Manche neigen dazu, es mit einem Namen ihrer jeweiligen religiösen Ausrichtung zu belegen oder es gar nicht zu benennen. Weitgehend übereinstimmend erklärten aber alle Beteiligten, dass sie die Frage nach dem Lebensrückblick nicht als vorwurfsvoll empfunden hätten. Vielmehr wäre es eine liebevolle Aufforderung gewesen, das eigene Leben offen und ehrlich zu betrachten. Es wurde eher als Hilfe empfunden, sich ohne Verschönerungen oder Selbsttäuschungen mit dem eigenen Wesen auseinander zu setzen.

Das eigentliche Geschehen der Rückschau empfanden alle Menschen als außerordentlich schnelles Geschehen und als „Spiel visueller Vorstellungsbilder". Dabei stimmten sie überein, die Bilder seien erstaunlich lebendig und lebensecht gewesen. Vielfach wurde das Erleben als dreidimensional und lebhaft farbig beschrieben. Auch die Gefühlsbewegungen wurden als tief und intensiv beschrieben, und hier liegt es nahe, auf den „Lebensfilm" zu verweisen, der auch von den großen Mystikern erwähnt wurde. Dabei versicherten alle Betroffenen, es habe in diesem „Film" keine nebensächlichen oder unbedeutenden Handlungen gegeben; sondern im Gegenteil erhielten gerade scheinbar unwichtige Taten eine oft wegweisende Bedeutung. Besonders beeindruckend empfand Moody daher die Berichte jener Menschen, denen der Lebensrückblick als erzieherische

Bemühung seitens des Lichtwesens erschienen war. Dieses habe sie, während die inneren Bilder vor dem geistigen Auge vorbeizogen, besonders auf zwei wesentliche Aspekte des Lebens hingewiesen: Sie sollten lernen, andere Menschen zu lieben und Wissen zu erwerben.

Es kommt in nahezu allen Berichten zum Tragen, dass sich menschliches Leben zwischen den beiden Polen Liebe und Wissen entwickeln sollte. Im ersten Band seiner Berichte über das Leben nach dem Tod drückt Moody dies in klaren Worten als Fazit seiner Untersuchungen aus: „Fast jeder Betroffene hat hervorgehoben, wie wichtig es für ihn in diesem Leben geworden sei, die Liebe zum anderen Menschen immer mehr vertiefen zu wollen, eine unvergleichlich intensive Art von Liebe ... Des weiteren haben viele andere betont, wie wichtig es für sie geworden sei, sich mehr Wissen anzueignen. Während ihres Todeserlebnisses wurde ihnen zu verstehen gegeben, dass der Erwerb von Wissen auch nach dem Leben weitergehe. Eine Frau hat zum Beispiel jede Bildungsmöglichkeit genutzt, die sich ihr nach dem Sterbeerlebnis bot."
Diese Veränderungen in der Persönlichkeitsstruktur der Betroffenen zeigen nachdrücklich, dass es sich um tiefe, echte Erfahrungen handelte, andernfalls wären die tiefgreifenden Transformationen im Charakter und in der Lebensführung nicht möglich gewesen.
Moody berichtete später, es sei ihm in seiner zwanzigjährigen Forschungstätigkeit nicht ein Mensch begegnet, den die Nahtod-Erfahrung nicht zum Positiven verändert hätte!

Moody schildert in seinen Büchern mehrfach, dass alle „unfreiwilligen" Nahtod-Erfahrungen von den Betroffenen als zutiefst beglückend und inspirierend empfunden wurden. Nur in den wenigen Fällen, bei denen die Nahtod-Erfahrungen durch

Die moderne Sterbeforschung

Selbstmordversuche verursacht waren, schilderten die Wiederbelebten im Anschluss an ihre Erlebnisse diese einhellig als unangenehm und bedrückend. Offensichtlich sollte der Mensch dies als mahnenden Hinweis aufnehmen, der Dauer seines Lebens nicht eigenwillig ein vorzeitiges Ende zu setzen.
Auch andere Forscher, Moody nennt die in den USA durchgeführte „Evergreen-Studie", stießen bei ihren Untersuchungen nur auf eine einzige Person, die von einer Art „Höllenerlebnis" sprach. Umgerechnet auf die Gesamtmenschheit, mag es in Zukunft mehr Menschen mit „Negativ-Erfahrungen" im Zusammenhang mit Nahtod-Erlebnissen geben. Dies würde aber eher etwas über die Charakterzüge und das Schicksal Einzelner aussagen als die Wahrheit des gesamten Phänomens zu bestreiten.
Ein besonders interessanter Aspekt von Moodys Studien befasste sich mit der religiösen Frage. Dabei zeigte sich ganz eindeutig, dass es völlig bedeutungslos war, ob ein Mensch mit einer Nahtod-Erfahrung sich zuvor als religiös oder nichtreligiös bezeichnet hatte. Übereinstimmend erklärten jedoch alle, nach ihrem Erleben zu religiösen Menschen geworden zu sein. Wiederum bemerkenswert blieb jedoch, dass die Menschen keinesfalls zu dogmatischer Enge neigten, sondern im Gegenteil von großer spiritueller Offenheit geprägt waren.
Ein Amerikaner, der zuvor nahezu fanatisch seiner Glaubensrichtung angehört hatte, bekannte später: „Eine Menge Leute, die ich kenne, werden sich wundern, wenn sie merken, dass unser Herrgott für Theologie nicht viel übrig hat. Tatsächlich scheint ihn manches eher zu belustigen, aber für Fragen bezüglich meiner Konfession hat er sich überhaupt nicht interessiert. Er schaute mir ins Herz, nicht in den Kopf."

Schon in der Antike und bei den Mystikern des Mittelalters spielte das Licht bei spirituellen Erfahrungen eine entscheidende

Rolle. Bemerkenswerterweise kehrt dieses Phänomen nun bei den Nahtod-Erlebnissen in eindrücklicher Weise wieder. Der Weg durch den „Tunnel" wird von einem Licht erhellt und am Ende des Weges wartet ein „Licht"wesen. Die Welt, die auf der „anderen Seite" wartete, wurde einhellig von allen Betroffenen als eine „Licht"welt beschrieben.

Ein ganz besonders ungewöhnliches Lichterlebnis wurde einem Mann zuteil, dessen Tochter bei einem Badeunfall beinahe tödlich verunglückt wäre. Der sich verzweifelt auf der Suche nach seinem ertrinkenden Kind befindende Vater berichtete später, er habe seine Tochter in dreizehn Meter Tiefe nur dadurch finden können, weil sie „in helles Licht gehüllt" war.

Der kritische Geist verlangt für alle Erfahrungen, die er nicht selbst unmittelbar überprüfen kann, eindeutige Beweise. Es bliebe hier zu fragen, ob nicht die dramatischen Veränderungen in den Persönlichkeitsstrukturen und in den Charaktereigenschaften der Menschen die überzeugendsten Beweise für die Echtheit der Erfahrungen darstellen. Unabhängig davon lassen sich natürlich die zahllosen Übereinstimmungen in der Beschreibung des Phänomens nicht mehr leugnen. Zusätzlich gibt es eine Reihe von Fällen, die auch „objektive" Beweise geliefert haben. Einen der bemerkenswertesten Beweise schildert Moody im Zusammenhang mit einer siebzigjährigen Frau aus Long Island. Sie beschrieb in allen Einzelheiten, was geschehen war, als die Ärzte sie auf dem Operationstisch wiederbelebten. Sie schilderte die Farben und Formen der Instrumente, die beteiligten Ärzte und den blauen Anzug des behandelnden Chefarztes. Dies allein wäre noch nicht bemerkenswert, da es in vielen Fällen so geschieht. Der entscheidende Unterschied in diesem Fall war jedoch, dass die Frau in ihrem achtzehnten Lebensjahr erblindet war! Viele der Instrumente, die sie exakt beschrieb, waren zu der Zeit, als sie ihr Augenlicht verlor, noch

gar nicht im klinischen Einsatz. Sie konnten nicht verwendet werden, da es sie zur damaligen Zeit noch gar nicht gab! Wie hätte die ältere Damen sie also vorher ihrem Bewusstsein mittels optischer Wahrnehmung einprägen können?
Das bleibende Verdienst von Raymond Moody war es, etwa zeitgleich und unabhängig von Elisabeth Kübler-Ross, das Thema Sterben, Tod und ein mögliches Leben nach dem Tod aus der gesellschaftlichen Tabu-Zone herausgeholt und in das helle Licht der öffentlichen Diskussion gestellt zu haben. Unzählige Menschen verloren daraufhin ihre Angst oder Scheu, von eigenen ähnlichen Erfahrungen zu berichten und so der Menschheit eine neue Gewissheit über die Welt „hinter dem Schleier" zu schenken.

Elisabeth Kübler-Ross

Die 2004 gestorbene Ärztin Elisabeth Kübler-Ross galt weltweit als eine der größten Autoritäten der modernen Sterbeforschung und war sicher die bekannteste Persönlichkeit auf diesem Gebiet in Europa. Als sie in den Sechzigerjahren mit ihrer Arbeit mit Sterbenden begann, musste sie gegen ein ungeheures Maß an Verdrängung und Tabuisierung ankämpfen. In Amerika, wo sie als Ärztin nach ihrer Heirat arbeitete, starben die Menschen in völliger Vereinsamung und Isolation in irgendeinem abgelegenen Sterbezimmer. Der Tod wurde, anders als sie es vielfach in ihrer Jugend in der Schweiz erlebt hatte, nicht als natürlicher Bestandteil des Lebens betrachtet, sondern die behandelnden Ärzte empfanden jeden Verstorbenen als „persönliche Niederlage". Dies hing auch damit zusammen, dass in den Kreisen der Mediziner ein mögliches Leben nach dem Tod als völliges Hirngespinst abgetan wurde.

Lösung der Silberschnur

Die moderne Sterbeforschung

Dies war die Welt und das gesellschaftliche Umfeld, in dem Elisabeth Kübler-Ross ihre Arbeit begann. Eine Arbeit, die dreißig Jahre später die Vorstellungen über das Sterben, den Tod und das Leben danach in den Gesellschaften des Westens radikal verändert haben würde.

Bevor sich Elisabeth Kübler-Ross mit dem Leben nach dem Tod befasste, wandte sie ihre Aufmerksamkeit erst einmal ganz den Sterbenden zu. Sie erlernte ihre Sprache, die häufig nicht mehr in Worten, sondern nur noch in Zeichen bestand; und sie begriff, was Sterben im Gesamtzusammenhang des menschlichen Daseins bedeutete.
Vor allem lernte sie von sterbenden Kindern, die oft in Bildern zu ihr sprachen und so viel mehr über das Leben und den Tod zu wissen schienen als die gelehrten Ärzte, die sie behandelten. Kinder wussten es schon früh, ob sie sterben mussten oder wieder gesund werden würden, unabhängig davon, was ihnen ihre Ärzte sagten oder verschwiegen. Sie wussten sogar den Zeitpunkt ihres Todes. Wer ihnen zuhörte oder ihre Bilder zu deuten wusste, konnte es von ihnen erfahren. Elisabeth Kübler-Ross hörte zu und schaute hin – und sie begann zu begreifen. So erhielt sie als reife Frau Antwort auf eine Frage, die sie sich selbst gestellt hatte, als sie kurz nach dem Zweiten Weltkrieg, in Erfüllung eines Versprechens, um Aufbauhilfe zu leisten, nach Polen gereist war. Dort hatte sie auch das Konzentrationslager Majdanek besucht, wo sie, wie später noch in Buchenwald und Dachau, vor allem in den Baracken der Frauen und Kinder immer wieder auf ein Symbol gestoßen war – Schmetterlinge. „Warum Schmetterlinge", hatte sie sich gefragt, bis sie eines Tages das Geheimnis der Verwandlung begriff.
Durch ihren eigenen Lernprozess konnte sie auch ihrer Umgebung die Angst vor ihrer eigenen Endlichkeit nehmen und den Tod aus der Grauzone von Verdrängung und Tabu befreien.

Sterben wurde ganz allmählich wieder menschlicher. Der Tod begann, wieder Teil des Lebens zu werden!
Durch ihr großes menschliches Engagement und ihr außerordentliches Mitgefühl, das meistens gerade den schwierigsten Patienten galt, gewann die junge Ärztin Dr. Kübler-Ross schnell die Herzen der Menschen und allmählich auch die Anerkennung der aufgeschlossenen Kollegen. Man hörte ihr zu, wenn sie über das Sterben sprach, und man holte den Tod aus der „Abstellkammer" wieder in eine menschenwürdige Umgebung zurück.
Dennoch schlug die Anerkennung, die sie bezüglich ihrer Arbeit mit Sterbenden erlangt hatte, in Ablehnung, ja teilweise sogar in offenen Hass um, als sie Ende der Siebzigerjahre begann, über ein Leben nach dem Tod zu sprechen. Sie hatte zu viel gesehen und zuviel erlebt, um noch daran zu zweifeln. Als sie dann aber noch den Mut besaß, über ihre eigenen Erfahrungen zu sprechen, wurde sie von manchen Ärztekollegen allen Ernstes als „verrückt" bezeichnet. Dies hielt sie aber nicht davon ab, Ende der Achtzigerjahre ihr so überaus trost- und segensreiches Buch „Über den Tod und das Leben danach" zu veröffentlichen, in dem sie vorbehaltlos ihre innersten Überzeugungen preisgab.

Um sich gegen die zunehmenden Anfeindungen unterschiedlichster Kreise zur Wehr zu setzen und ihren Kritikern zu beweisen, dass sie nicht „verrückt" war, begann Elisabeth Kübler-Ross ihre Forschungsarbeiten über das Leben nach dem Tod. Es gelang ihr, Fallbeispiele zu dokumentieren, die es selbst hartgesottenen Gegnern sehr schwer machte, an der Wahrheit ihrer Überzeugung Zweifel anzumelden.
Sie fand Menschen, die von Autos überfahren worden waren und im klinisch toten Zustand, aus der Wahrnehmung ihres feinstofflichen Körpers heraus, die Kennzeichen von Fahrzeugen der flüchtenden Unfallverursacher nennen konnten.

Die moderne Sterbeforschung

Wie parallel Raymond Moody untersuchte auch sie Blinde, die seit Jahrzehnten in Dunkelheit lebten, in einer Nahtod-Erfahrung aber die Krawattenfarbe eines Arztes oder die Ohrringe einer Krankenschwester beschreiben konnten. So gewann sie allmählich die öffentliche Meinung für sich, aber unter der Ärzteschaft gab es noch immer zahlreiche Kollegen, die ihre Beweise verleugneten, weil nicht sein konnte, was nicht sein durfte. Wer nicht überzeugt werden wollte, der konnte auch nicht überzeugt werden.

Ihre Erfahrungen mit Sterbenden und ihre Forschungen über Nahtod-Erlebnisse ließ Elisabeth Kübler-Ross zu exakt den gleichen Einsichten kommen wie die Mystiker oder ihre Kollegen Moody, Sabom oder Ring: Das Licht, der Tunnel, der Lebensfilm und die Lichtwesen. Die Erlebnisse mochten in Einzelheiten variieren, in der Essenz deckten sie sich.

Mit fortschreitender Bekanntwerdung ihrer Arbeit häuften sich auch die Einwände zu einzelnen Aspekten der Sterbeforschung und der Nahtod-Erfahrungen, sodass in einem zweiten Schritt die Arbeit von Forschern wie Elisabeth Kübler-Ross darin bestand, diese Einwände zu entkräften. So gelang es ihr, den Vorwurf als falsch zu widerlegen, wonach Sterbende Freunde oder Verwandte nur als Projektionen wahrnehmen würden, nicht als reale Wesen. Dies ließ sich als wenig stichhaltig erweisen, da es nicht einen einzigen Fall gab, in dem Sterbende oder klinisch Tote einen Menschen zu sehen vorgaben, der noch nicht verstorben war. In keinem Fall gaben etwa Kinder an, im „Jenseits" ihre Mutter oder ihren Vater getroffen zu haben, wenn diese noch nicht verstorben waren. Wenn es sich nur um Projektionen gehandelt hätte, würden sterbende Kinder mit Sicherheit in den vermutlich letzten Augenblicken ihres Leben ihre Eltern herbeigewünscht haben. Doch dies geschah nicht. Es ließen sich sogar Fälle dokumentieren, in denen Menschen im klinisch toten Zustand auf der „anderen Seite" Menschen getroffen hatten, von denen sie annehmen mussten, dass es sich um Lebende handelte, weil sie entweder, bei Unfällen zusammen mit ihnen verunglückt und dabei gestorben waren oder wenige Tagen vor dem Nahtod-Erlebnis des Betroffenen verstorben waren, ohne dass dieser davon erfahren hatte.

Als Mensch, der sein Leben im Dienst am Nächsten verschenkte, wurde Elisabeth Kübler-Ross selbst ungewöhnliche Begebenheit zuteil. So pflegte sie eine Dame, die aufgrund ihrer Hilfe endlich friedlich sterben konnte. Zehn Monate nach ihrem Tod stand Elisabeth Kübler-Ross vor einem Fahrstuhl ihrer Klinik, als sich plötzlich genau diese Frau neben sie gesellte.
Es dauerte einige Augenblicke, ehe ihre Vernunft akzeptieren wollte, was ihre Augen sahen. Sie zweifelte an ihrem Verstand, während die Erscheinung, die sie ungläubig mit den Händen abtastete, neben ihr herging und sie aufforderte, sie in ihr Zimmer zu begleiten. Sie war zurückgekommen, um sich bei ihr und einem ihren Sterbeprozess begleitenden Pfarrer zu bedanken. Noch immer konnte Elisabeth Kübler-Ross nicht glauben, was sie sah.
Schließlich bat sie die „Verstorbene", für den mit ihr befreundeten Pfarrer einige Zeilen zu Papier zu bringen. Das tat die Erscheinung dann tatsächlich auch. Schließlich bat sie ihr Gegenüber, ihr zu versprechen, ihre Arbeit (mit den Sterbenden) fortzusetzen. In dem Augenblick, da Elisabeth Kübler-Ross ihr sagte: „Ich verspreche es!", löste sie sich vor ihren Augen wieder in ein feinstoffliches Wesen auf und verschwand, eine erschütterte Ärztin zurücklassend. Noch Jahrzehnte später zählte sie diesen Brief ihrer „Verstorbenen" zu ihrem wertvollsten Besitz.

Was Elisabeth Kübler-Ross in all den Jahren ihrer Arbeit stets besonders berührte, war der Frieden, der die Sterbenden im

Die moderne Sterbeforschung

Moment ihres Ablebens umgab und sich binnen Sekunden auf ihren Gesichtszügen ausbreitete. Mochte auch der Todeskampf von Angst, Zweifel oder Zorn geprägt gewesen sein, in dem Augenblick, da sich die Seele vom Körper zu lösen begann, kehrte der Frieden einer höheren Welt ein, überzog die Gesichtszüge der sterblichen Hülle und erfüllte das Sterbezimmer. Eine andere Dimension war in die Welt von Raum und Zeit eingetreten und hatte von ihrer Schönheit und ihrem Frieden Zeugnis zurückgelassen.

Ein besonders bewegendes Erlebnis dieses Friedens hatte sie mit einem Jungen, der mit seiner Familie einen schweren Autounfall erlitten hatte. Kurz vor seinem Tod blickte er sie noch einmal an, und in dem Augenblick seines Hinübergehens in eine andere Welt sagte er noch zu ihr, dass er keine Angst habe, denn seine Mutter und sein Bruder warteten bereits auf ihn. Für einen Augenblick zögerte sie, denn sie wusste zwar, dass die Mutter des Jungen bei dem Unfall ebenfalls ums Leben gekommen war, der Bruder jedoch verletzt auf einer anderen Station lag. Doch bevor sie noch antworten konnte, hatte der kleine Patient schon die Augen geschlossen und war gegangen.

Als sie auf den Flur trat, begegnete ihr kurz darauf ein Kollege, der ihr betrübt mitteilte, dass der Bruder des Jungen vor einer Viertelstunde seinen Verletzungen erlegen war. Sie war versucht, ihrem Arztkollegen mit einem „Ich weiß schon" zu antworten, unterließ es dann aber.

Die große Ärztin Elisabeth Kübler-Ross war, was viele erst aus ihrer Autobiografie erfuhren, auch eine begnadete Mystikerin. Sie erlebte Zustände eines höheren Bewusstseins, wie sie sonst nur großen Erleuchteten zuteil wurden. So konnte sie über die Wahrhaftigkeit einer körperfreien Existenz aus eigenem Erleben berichten, sodass der Tod für sie auch ganz persönlich seinen Schrecken verloren hatte. Wenn Sterbende mit ihr über die

„andere Seite" sprachen, dann spürten sie intuitiv, dass sie mit einer Wissenden sprachen, mit einem Menschen, der selbst hinter den großen Schleier geblickt hatte, der Diesseits und Jenseits trennt.

Einmal verbrachte Elisabeth Kübler-Ross im Anschluss an eine Krankheit eine Zeit in einer einsam gelegenen Pension, in der ihr ein zutiefst bewegendes transformatorisches Erleben zuteil wurde. Sie erlangte eine Erfahrung dessen, was die Mystiker das „Kosmische Bewusstsein" nennen. Sie schilderte ihr Erlebnis in bewegten Worten:

„Ich befand mich in einer Liebeswallung mit jedem Blatt, jeder Wolke, jedem Grashalm und jedwedem Lebewesen. Ich fühlte sogar das Pulsieren eines jeden Steinchens auf dem Weg ... Es war ganz einfach eine aus dem kosmischen Bewusstsein heraus erfolgte Wahrnehmung. Ich durfte somit das Leben in der ganzen belebten Natur erkennen samt jener Liebe, die man mit Worten niemals wiederzugeben vermag."

Dieses beglückende Erleuchtungserlebnis mag ein Geschenk an eine der großen Liebenden gewesen sein, deren Verdienst für die moderne Sterbeforschung mit Worten kaum zu beschreiben ist. Sie war eine der großen Frauen des 20. Jahrhunderts, die das Sterben und den Tod aus der gesellschaftlichen Ächtung und Tabu-Zone befreite und so unzähligen Menschen die Angst vor ihrer letzten Stunde nahm. Die moderne Hospiz-Bewegung verdankt ihr vieles und die westliche Sterbeforschung wird untrennbar mit ihrem Namen verbunden bleiben. Ihre Werke werden noch zukünftigen Generationen Trost und Hoffnung schenken und ebenso vielleicht eine ihrer Lebensweisheiten: „Du bekommst vielleicht nicht, was du willst, aber Gott gibt dir immer, was du brauchst."

Hans Stolp

Der holländische Geistliche und Sterbeforscher Hans Stolp stellt vielleicht als Zweiter nach Elisabeth Kübler-Ross jene glückliche Kombination von Mystiker und Forscher dar. Auch er befasste sich jahrzehntelang mit Sterbenden und begleitete sie auf ihrem oft schweren Weg hinüber in eine andere Wirklichkeit. Mit manchen von ihnen wurde ihm später sogar noch eine Verbindung über den Tod hinaus zuteil, woraus sich eine berührende Veröffentlichung („Begegnungen im Lichtreich") ergab, die hier in den Erlebnisberichten wiedergegeben wird.

Darüber hinaus widmete sich Hans Stolp auch intensiv der Arbeit mit den Hinterbliebenen, die häufig jahrelang den Tod eines geliebten Menschen nicht verarbeiten konnten. Ihnen schenkte er durch seine Gespräche und durch seine Bücher Trost und öffnete ihnen zudem Wege, auf der seelischen Ebene mit den „Verstorbenen" in Verbindung zu bleiben.

So beginnt mit seiner Arbeit eine neue Epoche der Sterbeforschung, in der die Hinterbliebenen mit einbezogen werden und allmählich lernen können, eine „Brücke des Bewusstseins" in eine jenseitige Wirklichkeit zu errichten, die in tiefstem Sinne immer auch eine diesseitige ist.

Kapitel 3

Die Erfahrungsberichte

Nah-Tod-Erfahrungen

Die Erfahrungsberichte

Befreit vom Körper

Die Nah-Tod-Erfahrungen (NTE) verlaufen in fast allen Fällen nach einem ähnlichen Muster. Unmittelbar nach einem Unfall, nach einer Bewusstlosigkeit oder auch einem Herzstillstand tritt der Mensch aus seinem physischen Körper heraus. Er erlebt sich als körperloses Wesen, das in der Regel unmittelbar über seiner abgelegten Hülle wieder zum Bewusstsein kommt. Wenngleich der Mensch nicht mehr über seine körperlichen Sinneswerkzeuge verfügt, so vermag er doch alles wahrzunehmen, was in seiner Umgebung geschieht.

So berichtete ein Patient, der während einer Operation einen Herzstillstand erlitt, er habe zwei Ärzte gesehen, denen er zuvor noch nie begegnet sei. Sie wären in den Operationssaal gelaufen gekommen, um einem Kollegen bei der Wiederbelebung zu helfen. Dann schilderte er in allen Einzelheiten die handelnden Ärzte sowie ihre Vorgehensweisen. Die Erzählungen solcher Nahtod-Patienten wurden in zahllosen Fällen sorgfältig dokumentiert und mit den Berichten der Ärzte verglichen. Es lag stets eine überwältigende Übereinstimmung vor!

Die Patienten schilderten zudem die Vorgänge im Operationssaal aus einer Perspektive, die ihnen aus der Lage auf dem OP-Tisch gar nicht zugänglich gewesen wäre. Man könnte ja noch annehmen, das Unterbewusstsein der bewusstlosen Patienten hätte die Gespräche im OP-Saal aufgenommen, aber wie das Unterbewusstsein die Vorgänge auf Apparaten speichern konnte, die teilweise im Nachbarraum standen, dürfte selbst der hartnäckigste Zweifler nur schwer erklären können.

Ähnlich beeindruckend ist der Fall einer siebzigjährigen Amerikanerin, die nach einem Herzanfall wiederbelebt worden war. Sie schilderte in allen Einzelheiten die Vorgehensweise der behandelnden Ärzte, beschrieb die Instrumente und ihre jeweiligen Formen und Farben. Selbst den blauen Anzug des Chefarztes beschrieb sie, den er trug, bevor er sich eilig einen Arztkittel überzog. Dies alles wäre noch nichts Besonderes, wird es doch in ähnlicher Weise von zahllosen Patienten mit NTE so geschildert. Das Einzigartige in ihrem Fall war allerdings – die Frau war seit ihrem achtzehnten Lebensjahr blind! Als man den Fall seitens der verblüfften Ärzte näher untersuchte, musste man zu ihrer noch wachsenden Verblüffung feststellen, dass es eine Reihe der Instrumente, welche die blinde Frau in allen Einzelheiten beschrieben hatte, vor fünfzig Jahren noch gar nicht gegeben hatte. Hier fällt selbst das Argument einer „Rückerinnerung aus dem Unbewussten" mangels Nicht-Existzenz des zu erinnernden Gegenstandes weg.

Im körperfreien Zustand sind die NTE-Patienten nicht nur in der Lage, die Geschehnisse im Raum zu beobachten, sondern sie vermögen auch zu erfassen, was sich im Bewusstsein der Menschen in ihrer Umgebung abspielt. Ein junger Mann wurde von einem Arzt nach einem Herzstillstand wiederbelebt. Dieser hatte aber auf der Fahrt zur Klinik gerade einen Auffahrunfall verursacht und quälte sich mit der Frage, ob er bei größerer Achtsamkeit den Unfall nicht hätte vermeiden können.
Am nächsten Tag berichtete der junge Mann dem Arzt anlässlich der ersten Visite von seinem NTE. Er schilderte ihm alle Vorgänge während des Wiederbelebens, die benutzten Instrumente und Geräte sowie die geführten Gespräche des Ärztetermins. Erstaunt hörte der Arzt der Erzählung zu, die darin endete, dass der Wiederbelebte ihm tröstlich versicherte, er solle sich nicht wegen seines Unfalls sorgen, da er doch seinerseits so viel Gutes für andere täte. Geradezu schockiert musste der Arzt zur Kenntnis nehmen, dass sein mit Herzstillstand wiederbelebter Patient währenddessen sich mit dem Bewusstseinszustand und den darin anzutreffenden Sorgen seines ihn behandelnden Arztes befasst hatte!

Die Erfahrungsberichte

Der Tunnel

Der zweite Schritt bei vielen NTE, nach dem Erleben einer ersten körperfreien Phase unmittelbar über der zurückgebliebenen Körperhülle, wird als so genannte „Tunnel-Erfahrung" bezeichnet. Die Betreffenden fühlen sich im körperfreien Zustand von einer großen Kraft angezogen, die sie durch eine Art „Tunnel" zu sich zieht. Die Berichte darüber lauten in vielen Fällen wie die nachstehenden:

„Dann konnte ich fühlen, wie ich mich durch den Tunnel bewegte, ja, hindurchgezogen wurde. Am Ende des Tunnels sah ich dieses Licht. Mein Gott, wie hell es war! Als ich näher kam, konnte ich seine Wärme fühlen, die sich rings um mich ausbreitete."

„Ich ging durch einen langen schwarzen Tunnel; ganz am Ende sah ich ein unwahrscheinlich lebendiges Licht hineinstrahlen. Ich schoss aus dem Tunnel, geradewegs in das Licht. Ich war im Licht, ich war ein Teil davon; und nun wusste ich alles – ein ganz eigenartiges Gefühl."

„Und dann sieht man allmählich ganz, ganz weit hinten – wieder über eine unvorstellbar große Entfernung hinweg – so etwas wie das Ende des Tunnels. Und alles ist in ein weißes Licht getaucht ... und die ganze Zeit merkt man, wie schnell alles geht. Und dieser ganze Vorgang dauert nur ... sagen wir, eine Minute, und ich muss noch einmal betonen, dass man das Gefühl hat, bis in die Unendlichkeit gereist zu sein, unzählige Kilometer zurückgelegt zu haben. Dann kommt das Ende des Tunnels, und dieses Licht ist nicht einfach nur Helligkeit am Ende des Tunnels – es ist so unbeschreiblich hell, dieses Licht. Es ist rein und weiß."

In unzähligen Erlebnisberichten wird diese „Tunnel-Episode" in immer gleicher oder nur geringfügig unterschiedlicher Art und Weise geschildert. Alle Menschen, die ein NTE erfuhren, sprechen von der großen Geschwindigkeit, mit der sie den Tunnel durcheilen und über große Entfernungen, die sie in Gedankenschnelle überbrücken, bis sie am Ende der „Reise" im Licht ankommen. Manchmal ist dieses Licht eine unpersönliche Quelle von Kraft und Liebe, manchmal jedoch nimmt es eine Gestalt an oder es zeigt sich in diesem Licht ein „Lichtwesen".

Das Licht und die Lichtwesen

Für viele Menschen, die einen religiösen Hintergrund haben, ist die Begegnung mit einem „Lichtwesen" in einer anderen Wirklichkeit die Begegnung mit einem „Engel". Interessanterweise schildert kaum einer derjenigen, die auf ein Lichtwesen trafen, dieses als einen Engel „mit Flügeln". Hier scheint sich die Bestätigung für die Aussagen der großen Geistesforscher zu finden, wonach Menschen, denen unerwartet einmal die Schau eines „Engels" zuteil wurde, die leuchtende Ausstrahlung und das blitzschnelle Erscheinen und Verschwinden nur durch den Einsatz von „Flügeln" erklärbar schien. Dies stellt aber ein eher kindliches Verständnis von den geistigen Fähigkeiten eines Engels dar.

Andererseits scheinen diese „Lichtwesen" durchaus humorvolle Geschöpfe zu sein, zumindest wenn man den Erlebnissen einer Amerikanerin Glauben schenken will, die zweimal die Begegnung mit einem dieser himmlischen Geschöpfe hatte, beides Mal nach einem NTE. In beiden Fällen wollte das Wesen die Betreffende in seiner Welt behalten, sie wäre also nach menschlichen Begriffen „gestorben". Beim ersten Mal erlangte sie ihre „Freigabe" mit dem Argument, sie sei noch so jung und „habe noch lange nicht genug getanzt". Mit einem fröhlichen Lachen entließ sie das Lichtwesen wieder zurück in ihren Körper. Beim zweiten Mal, fast dreißig Jahre später, gelang es ihr, ihren „Engel" zu überzeugen, sie müsse wieder zurück, da ihre Kinder noch nicht ohne sie auskommen könnten. Noch einmal erhält sie die

Die Erfahrungsberichte

Erlaubnis, in ihren Erdenkörper zurückzukehren, doch diesmal fügt das Lichtwesen hinzu: „Aber das ist das letzte Mal! Beim nächsten Mal musst du hier bleiben."

Die Schilderungen der „Licht-Erfahrung" unterscheiden sich in ihrer Intensität, was möglicherweise mit dem geistigen Reifezustand desjenigen zu tun hat, dem eine NTE zuteil wird. So wie ja auch auf Erden bestimmte Erfahrungen von unterschiedlichen Menschen ganz unterschiedlich aufgenommen werden. Ein Weinkenner schmeckt alle Einzelheiten einer großen Flasche Wein, während ein ungeschulter Weintrinker „einfach nur Wein" schmeckt. Ein Musikkenner hört alle Nuancen einer großen Aufführung, während ein ungeschulter Zuhörer „einfach nur Musik" hört. In beiden Fällen handelt es sich um das gleiche Erlebnis, aber um völlig unterschiedliche Wahrnehmungen, bedingt durch unterschiedliche Bewusstseinszustände. Warum sollte es in einer jenseitigen Welt anders sein? Ein wacher Mensch wird auch auf der „anderen Seite" wach sein, während ein noch unerwachter Mensch auch auf einer anderen Bewusstseinsebene eher ein begrenztes Erleben erfahren wird.
Manche Schilderungen der „Licht-Erfahrung" lassen sich durchaus den Erlebnissen der großen Mystiker an die Seite stellen. „Das Nächste, was man spürt, ist dieses herrliche Gefühl, das von dem Licht ausgeht – fast wie von einer Person. Aber es ist keine Person, sondern ... eine Art Wesen. Es ist Energie. Es hat keinen Charakter, nicht wie man es bei einem Menschen sagen würde, aber es hat insofern Charakter, als es mehr ist als nur eine Sache. Man kommuniziert mit ihm und man akzeptiert es. Und seine Größe – es ist überall und schließt alles völlig in sich ein."
Ganz Ähnliches erlebte eine Amerikanerin, die ihren Erlebnisbericht auf einer Tagung amerikanischer Sterbeforscher wiedergab. „Es war ein bewegliches Licht, nicht wie ein Scheinwerferlicht. Eine unglaubliche Energie ging von ihm aus – ein Licht, das

man sich nicht vorstellen kann. Es war fast so, als ob ich darin schweben würde. Es erfüllte mein Bewusstsein mit dem Gefühl bedingungsloser Liebe, vollkommener Sicherheit und vollständiger Perfektion."

In dieser „Licht-Ebene" vollziehen sich eine Reihe äußerst tiefer Erfahrungen, die in nahezu allen Fällen die Menschen noch lange nach ihrer Rückkehr in ihren alten Körper prägen und verändern. Es sind Verwandlungs-Erfahrungen, die Einzelschicksale betreffen, aber auch Erkenntnisse beinhalten, die von allgemeingültigem Charakter sind. Beziehen sie sich mehr auf den Einzelnen, handelt es sich um die so genannte „Lebens-Rückschau".

Die Rückschau

Wenngleich die Erfahrung der „Rückschau" auf das bisher gelebte Leben außerordentlich rasch vonstatten geht, wird dieses Geschehen von nahezu allen Betroffenen als ein lebendiger und überaus lebensechter Film bezeichnet. Er spielt sich in dreidimensionalen bewegten und farbigen Bildern ab und enthält wichtige Szenen aus dem zurückliegenden Erdenleben. In vielen Fällen berichten Betroffene von einem erneuten Durchleben der Gefühle und Gemütszustände der jeweiligen Lebenssituationen, nicht selten sogar mit vertauschten Rollen. Sie erlebten sich also als ihr damaliges Gegenüber und waren so in der Lage, ihr einstiges Verhalten „objektiv" zu bewerten.

Interessanterweise scheint die Gewichtung der vergangenen Lebenserfahrungen in der Rückschau ganz anders zu sein, als sie der Betreffende vor dieser Erfahrung vorgenommen hätte. Scheinbar bedeutsame Lebensstationen erweisen sich in der Rückschau im Licht als eher unbedeutend, während kleine Hilfeleistungen oder Liebesdienste als strahlende Lichtpunkte aufscheinen. Daher kann es nicht verwundern, wenn sehr viele Menschen nach einem NTE bekunden, sie wüssten jetzt, dass

Die Erfahrungsberichte

„die Liebe das Wichtigste im Leben sei" oder „die Liebe sei der Grund, weshalb wir auf der Welt sind". Manche fügen noch hinzu, „andere Menschen lieben zu lernen und Wissen zu erwerben" sei die Erkenntnis, die sie in der Rückschau oder aus dem Gespräch mit dem „Lichtwesen" gewonnen hätten.
Liebe und geistiges Wachstum kristallisierten sich als die zentralen Aufgaben heraus, die zahllose Menschen aus ihrem NTE zurück in ihren alten Erdenkörper nahmen. So empfahl ein Mann nach seiner Wiederbelebung: „Egal, wie alt man ist – nie aufhören mit Lernen! Denn das habe ich mitbekommen: Lernen ist ein Prozess, der bis in alle Ewigkeit weitergeht."

Für viele Menschen war die Rückschau jedoch vor allem eine Ermahnung, Dinge und Verhaltensweisen auf Erden entscheidend zu verändern. Es kam darauf an, bewusster und wacher zu leben. „Ich hatte keine Ahnung, dass eine Lebensrückschau so sein könnte. Niemals zuvor war mir bewusst, dass wir verantwortlich sind und zur Rechenschaft gezogen werden für alles noch so Kleine, was wir getan haben. Das war eine überwältigende Erkenntnis! Es war ich selbst, die urteilte, nicht irgendein himmlischer Petrus. Und mein Urteil war kritisch und streng. Ich war mit vielen Dingen, die ich getan, gesagt oder gedacht hatte, nicht einverstanden."
Diese selbstkritische Einschätzung blieb den allermeisten Menschen auch nach ihrer Rückkehr in den Erdenkörper erhalten. Sie veränderten ihre Lebenseinstellung und wurden vor allem eins – liebevoller.

Liebe

Die überwältigendste Erfahrung, das zentrale Erlebnismoment von nahezu allen NTE, war das Gefühl, von einer unbeschreib-

Liebe

lichen Liebe getragen zu werden und in ihr geborgen zu sein! Die Beschreibungen dieser Liebe variieren, so wie, wenn man dieses Beispiel heranziehen darf, Liebesgedichte sich unterscheiden. Jeder Liebende ist einzigartig, und jeder Geliebte empfindet die Liebe auf seine ureigene, unverwechselbare Art und Weise. Trotzdem empfindet jeder, der davon hört oder liest, die Schönheit dieser Liebeserfahrung.

„Tod ist ein Anfang, er ist etwas Schönes. Es ist voller Licht; es ist das Herrlichste. ... Es ist ein Abenteuer und niemand ist dort allein. Wir haben Angst um jemanden, der allein ist, doch sie sind es nicht. Es ist, als ob du in Liebe gewiegt wirst und zu der schönsten, geheimnisvollsten Geschichte getragen wirst, die Gott erfinden konnte."

Jeder Mensch, dem ein NTE zuteil wurde, scheint so auf seine jeweilige Art zu einem Zeugen für die Liebe zu werden. Für die Liebe zwischen den Menschen und für die Liebe zwischen den Menschen und einer göttlichen Quelle, aus der alles Leben entsprungen ist und die noch immer alles Leben in sich birgt.

Auf ganz besonders bewegende Art und Weise schildert ein dreiunddreißigjähriger Amerikaner, dem um ein Haar von einem Lastwagen der Brustkorb zerquetscht worden wäre, nach seinem NTE dieses Gefühl von Geborgenheit in einer unermesslichen Liebe.

Der amerikanische Sterbeforscher Kenneth Ring dokumentierte seinen Bericht:

„Es ist das angenehmste Gefühl, das man sich vorstellen kann. Man hat ein Gefühl von absoluter, reiner Liebe. Es ist das wärmste Gefühl überhaupt. Aber man darf es nicht mit messbarer Wärme verwechseln, denn mit ‚Temperatur' oder so hat das nichts zu tun. Was immer man spürt, fühlt sich absolut vollkommen an – und falls es Temperatur ist, dann ist es eine absolut vollkommene Temperatur. Wenn es ein aufregendes oder beruhigendes Gefühl ist, dann ist es absolut vollkommen, das spürt man ganz genau. Es ist absolut lebendig und klar. Dann geschieht es, das Licht kommuniziert mit einem, und zum ersten Mal im Leben ... spürt man wahre, reine Liebe. Es lässt sich nicht mit der Liebe einer Frau oder der Liebe zu seinen Kindern vergleichen, auch nicht mit einer intensiven sexuellen Erfahrung, die mancher vielleicht als den schönsten Augenblick in seinem Leben betrachtet – nichts davon lässt sich auch nur im Geringsten damit vergleichen. All diese wunderbaren Gefühle zusammen lassen sich nicht mit jenem Gefühl wahrer Liebe vergleichen. Wenn man sich vorstellen könnte, wie wahre Liebe ist, dann müsste es dieses Gefühl sein, das einem dieses strahlende weiße Licht entgegenbringt." (Kenneth Ring – Den Tod erfahren, das Leben gewinnen.)

Diese auf einem NTE basierende Erfahrung von Liebe reicht sehr nahe heran an die Verzückungserlebnisse der großen Mystiker. Mancher Text, der in der mystischen Versenkungsliteratur überliefert ist und sich mit der Erfahrung der göttlichen Liebe befasst, klingt in weiten Zügen ähnlich wie dieses Erlebnis jenes jungen amerikanischen Automechanikers, der sein Leben beinahe unter einem herabstürzenden LKW hätte begraben müssen; es dann aber in einer neuen, völlig unerwarteten und beglückenden Weise zurückerhielt, um Zeugnis abzulegen von einer höheren Wirklichkeit.
Auch diese Eigenschaft teilen viele Menschen mit NTE mit den Mystikern. Jenen war es zu eigen, von ihrer beglückenden Versenkungserfahrung sprechen zu müssen. Wie Meister Eckhart, der große deutsche Mystiker, es einmal ausdrückte: „Wenn niemand da gewesen wäre, zu dem ich von meinem Erlebnis hätte sprechen können, hätte ich es dem Opferstock predigen müssen." Dabei unterscheidet sich dieser Impuls, die erfahrene Liebe weiterreichen zu müssen und andere daran teilhaben zu

Sommerland

lassen, wohltuend von jeglicher messianischer Pseudo-Berufenheit. Es ist ein bescheidener Wunsch, von der Liebe Zeugnis abzulegen. Sehr schlicht drückte dies Joe Geraci in der Zeitschrift „Vital Signs" aus, einem vierteljährlich erscheinenden Magazin, das sich speziell mit NTE beschäftigt. Er sagte in einem Interview: „Ich glaube, dass Liebe ebenso ansteckend ist wie Hass. Sie muss zurückgegeben werden. Und um das zu tun, müssen die Leute irgendwo anfangen. Im kleinen Rahmen einfach dadurch, dass ich ihnen von meiner Erfahrung erzähle und dass jemand liest, was man darüber geschrieben hat. So etwas vervielfältigt sich sehr rasch. Und ich bin nicht der Einzige, der diese Erfahrung gemacht hat. Es gibt Tausende von uns in der ganzen Welt. Mulitiplizieren Sie meine Geschichte mit tausend und Sie werden sehen, wie schnell sie wachsen kann! Es geht. Es hat sogar schon begonnen!"

Wenn man bedenkt, welche Ängste noch immer auf der Welt vor dem Tod bestehen, und wenn man berücksichtigt, wie lieblos die Menschen noch immer in vielen Fällen miteinander umgehen, dann bleibt fast zu hoffen, dass mehr Menschen, wenn möglich ohne die dramatische Erfahrung von NTE, von dieser alles umfassenden LIEBE berührt und verwandelt werden.

Die innere Verwandlung durch Nah-Tod-Erfahrungen

Ein weiteres wichtiges Indiz für die Wahrheit von NTE stellen die tiefgreifenden Veränderungen in den Persönlichkeitsstrukturen von Menschen dar, die durch solche dramatischen Erfahrungen am Rande des Todes gegangen sind. Keine noch so intensive Einbildung oder Ausschüttung irgendwelcher Hormone vermag über viele Jahre hinweg ein Leben vollständig zu verändern. Gerade dieses Geschehen aber charakterisiert fast alle Menschen, die durch ein NTE hindurchgegangen sind.

Die innere Verwandlung durch Nah-Tod-Erfahrungen

Nun möchte man annehmen, dass es vor allem die Gewissheit eines Fortlebens nach dem Tod ist, welche die Menschen erfüllt, doch das wäre viel zu kurz gegriffen. Während ihrer Erfahrungen im körperfreien Zustand erlebten zahllose Menschen tiefe Einblicke in die Gesamtzusammenhänge des Lebens, die nicht wenige dazu veranlasste, später über dieses neu gewonnene Weltbild öffentlich zu sprechen.

So veränderte sich durch das Erleben in einer anderen Dimension für viele Menschen das Zeitbewusstsein. Sie gewannen den Eindruck, auf Erden, im Körper, gewissermaßen in kleinen Schritten auf einer Zeitschiene entlangzureisen, wohingegen im körperfreien Zustand Geschehnisse und Ereignisse bereits sichtbar waren, die auf Erden erst viele Jahre später geschahen.
Ein weiteres bewegendes Erkenntnismoment war die Gewissheit von einer allumfassenden, vollkommenen Ordnung. Eine fünfzigjährige Amerikanerin schildert diese Einsicht mit den folgenden Worten. „Das Licht war alles – alles in einem –, wenn man die tausend schönsten Dinge nimmt, die einem im Leben begegnet sind, und sie mit einer Million multipliziert, dann hat man vielleicht annähernd dieses Gefühl. Das Licht hüllt einen völlig ein und man weiß plötzlich furchtbar viel. Ich erinnere mich noch, dass ich wusste, dass überall im Universum vollkommene Ordnung herrscht. Dass der Plan vollkommen ist. Dass alles, was geschieht – Kriege, Hunger, egal, was –, in Ordnung ist. Alles war vollkommen. Irgendwie war alles Teil der Vollkommenheit und man brauchte sich überhaupt keine Sorgen zu machen."
Diese oder ähnliche Stellungnahmen finden sich in zahllosen Berichten von Personen mit NTE. Ihnen allen war die Gewissheit zu Eigen, hinter dem scheinbaren Chaos, das auf Erden herrscht, waltet eine verborgene Ordnung, die absolut vollkommen ist und alles, was geschieht, zu einem idealen Ende führt. Nichts

Die Erfahrungsberichte

geschieht zufällig, alles unterliegt einem großen, allumfassenden Plan, der von einer Intelligenz erstellt und durchgeführt wird, die weit jenseits des menschlichen Verständnisses liegt.

Niemand kommt gleichsam „jungfräulich" auf der anderen Seite des Lebens an. Jeder Mensch verfügt auch im körperfreien Zustand noch über sein persönliches Programm, über seine Welt- und Lebensanschauung. Das kann dann, etwa mit dem geschilderten „Lichtwesen", zu amüsanten Dialogen führen, wie etwa dem folgenden:
Eine Frau sagte während ihres NTE zu ihrem Lichtwesen: „Es ist alles so wunderschön, es ist alles so vollkommen. Aber was ist mit meinen Sünden?" Woraufhin das Lichtwesen erwiderte: „Es gibt keine Sünden. Nicht so, wie ihr sie auf der Erde versteht. Das Einzige, worauf es hier ankommt, ist, wie man denkt."
Daraufhin verstand die betreffende Frau, dass die Sündenvorstellungen verschiedener religiöser Gruppierungen weit entfernt sind von einer geistigen Wirklichkeit. Allein die innere Einstellung bestimmt den „Ort" in den geistigen Welten. Man wird zu jenen Sphären gezogen, die seiner inneren Einstellung entsprechen. „Sünde" hat somit etwas mit „sondern" zu tun. Wer „sündigt", sondert sich damit gleichsam vom Licht ab und muss zuerst einmal innerlich umkehren, um wieder die Verbindung zu jener ursprünglichen Welt herzustellen. Moralisiert wird auf Erden, aber nicht mehr im Himmel!

In eine ähnliche Richtung deutet ein anderer Erlebnisbericht, der aus der Rückschau auf ein zum Teil vergangenes Erdenleben entstand. „Man bekommt sein Leben vor Augen geführt – und man urteilt über sich selbst. Hatte man getan, was man hätte tun sollen? Man denkt: ‚Oh ja, ich habe jemandem, der kein Geld hatte, sechs Dollar geschenkt, das war toll von mir.' Aber so etwas ist ohne jede Bedeutung. Von Belang sind die kleinen

Dinge – ein Kind getröstet zu haben, das sich weh getan hat, oder mit einem einsamen alten Menschen freundlich geplaudert zu haben. Das sind die wichtigen Dinge. ... Man urteilt über sich selbst. Es sind einem alle Sünden vergeben worden, aber kann man sich selbst verzeihen, dass man etwas, das man hätte tun sollen, nicht getan hat, und dass man manchmal kleine Gemeinheiten begangen hat? Du selbst sprichst das Urteil."
Und dieses Urteil fällt so absolut ehrlich aus, dass die Menschen nach einem NTE nicht mehr auf die gleiche oberflächliche oder gar lieblose Art und Weise weiterleben können, wie sie es vielleicht zuvor getan haben. Dadurch, dass jeder sein eigener Richter war, blieb auch keine Möglichkeit mehr offen, etwas zu verdrängen oder auf andere abzuschieben. Die Sachverhalte waren so, wie sie sich zeigten. Keiner konnte sich verstellen oder anders geben, als er wahrhaft war.
Dabei zeigt sich, dass es anscheinend die „kleinen Dinge" sind, auf die es im Leben ankommt. Keine spektakulären Aktionen oder Taten, sondern die Liebe und das Mitgefühl in den scheinbar zu unbedeutenden Situationen des Alltags.
„Mir wurde bewusst, dass es bestimmte Dinge gibt, die jeder Mensch verstehen und lernen muss – etwa Liebe, dass man Liebe teilen, anderen schenken muss. Dass das Wichtigste im Leben die menschlichen Beziehungen sind, Liebe – und nicht das Materielle. Man muss sich darüber klar sein, dass alles, was man im Leben tut, jede noch so kleine Einzelheit, aufgezeichnet wird; auch Dinge, die man selbst sofort wieder vergessen hat, kehren später wieder ins Bewusstsein zurück. Zum Beispiel, wenn man ... an einer Ampel steht, und man ist in Eile, und die Frau vor einem fährt nicht gleich los, wenn die Ampel auf Grün springt, sie bemerkt gar nicht, dass die Ampel grün ist, und wenn man sich dann ärgert und auf die Hupe drückt, damit sie sich beeilt. Das sind die kleinen Dinge, die alle aufgezeichnet werden, die man in dem Moment gar nicht weiter registriert.

Die Erfahrungsberichte

Sehr wichtig ist, wie ich entdeckt habe, dass man Geduld hat mit anderen Menschen, und dass man sich darüber im Klaren ist, dass man vielleicht selbst einmal auf deren Geduld angewiesen ist."

Liebe und Mitgefühl werden von fast allen Personen mit NTE als entscheidende Faktoren des Lebens erkannt. Sie erleben diese Eigenschaften in ihrer außerkörperlichen Zeit so intensiv, dass sie für ihr weiteres Erdenleben davon geprägt bleiben. Sie werden geduldiger, verständnisvoller, rücksichtsvoller, mitfühlender und vor allem liebevoller.

Noch immer können sich Menschen mit NTE an der Schönheit des Lebens erfreuen, wertvolle Dinge oder Kunstwerke besitzen – aber sie hängen nicht mehr an ihnen! Materielle Werte nehmen auf der Werteskala von Menschen nach einer NTE keine prominente Stellung mehr ein. Ein japanischer Manager drückt diese tiefgreifendste Wandlung seines Lebens mit den Worten aus: „Mein Interesse an materiellen Gütern, meine Gier nach Besitz wurde abgelöst von einem Hunger nach Erkenntnis und der leidenschaftlichen Sehnsucht nach einer besseren Welt."

Alle vorstehenden geschilderten Nah-Tod-Erfahrungen waren Berichte von Menschen, die klinisch tot waren und wiederbelebt wurden. Sie standen also an der „Schwelle des Todes". Es wird daher im folgenden Kapitel interessant sein, die Erlebnisse jener Menschen und ihre Schilderungen einer „jenseitigen" Welt mit den Überlieferungen der großen Mystiker und Seher über das tatsächliche Leben nach dem Tod zu vergleichen. Also mit den Beschreibungen vom Schicksal jener Menschen, die nach ihrem physischen Tod in einer höheren Wirklichkeit den Weg ins Licht begannen.

Epilog

Seit dem Ende des 19. Jahrhunderts hat sich das menschliche Wissen über das Leben nach dem Tod in immensem Ausmaß erweitert. Das hängt zum einen damit zusammen, dass einer Reihe großer Mystiker die Gnade zuteil wurde, weit hineinschauen zu dürfen in jene Welten des Lichts, die einst die Heimat für alle Menschen sein wird. Zum anderen haben geistig aufgeschlossene Forscher eine solche Fülle an Erlebnisberichten von Menschen zusammengetragen, die selbst an der Schwelle zum Jenseits gestanden sind oder vielleicht kurze „Gast-Besuche" machen durften, dass auch von dieser Seite her der Schleier ein erhebliches Stück gelüftet werden konnte.

Die beeindruckendsten Erfahrungen am Rande des Todes lassen sich dabei ohne Zweifel mit den Erfahrungen der großen Mystiker vergleichen. Die Menschen erleben in diesen Momenten eine Erfahrung der großen Einheit allen Lebens. Der Mensch ist kein isoliertes Wesen, sondern er ist stets eingebunden in die große Ganzheit der Schöpfung.

In bewegender Eindrücklichkeit kommt dies in der Schilderung eines Mannes zum Ausdruck, der Raymond Moody von seinen erschütternden Erfahrungen nach der „Rückkehr aus dem Licht" berichtete:

„Das Erste, was ich sah, als ich im Krankenhaus wieder aufwachte, war eine Blume, und die brachte mich zum Weinen. Ob Sie es glauben oder nicht, aber bevor ich aus dem Tod zurückkehrte, hatte ich noch nie wirklich eine Blume gesehen. Eine wichtige Sache, die mir klar wurde, als ich ‚starb', war, dass wir alle Teil eines allumfassenden, lebendigen Universums sind. Wenn wir glauben, wir können jemand anderem oder einem anderen Lebewesen wehtun, ohne uns selbst wehzutun, dann täuschen wir uns gewaltig. Wenn ich heute einen Wald oder eine Blume oder einen Vogel sehe, sage ich mir: ‚Das bin ich,

Die Erfahrungsberichte

das ist ein Teil von mir.' Wir sind mit allem, was lebt, verbunden, und wenn wir uns gegenseitig Liebe geben können, dann sind wir glücklich."

Auch die großen Seher des Altertums und die Mystiker des Mittelalters und der Neuzeit brachten diese Einsicht mit aus ihren Schauungen. Alles Leben ist eines; und das Diesseits und das Jenseits sind nicht wirklich getrennt. Wenn sich das menschliche Bewusstsein allmählich erweitern wird, dann wird der Tag kommen, an dem der Tod gänzlich seinen Schrecken verliert. Vielleicht ist die Menschheit diesem Tag näher, als sie glaubt!

Berichte vom Leben nach dem Tod

Charles W. Leadbeater

Die Erfahrungsberichte

Das Leben in der geistigen Welt
Wissen wir etwas Bestimmtes?

Das Problem des Lebens nach dem Tode ist von größtem Interesse für uns alle, nicht allein deshalb, weil wir selbst eines Tages sterben müssen, sondern weit mehr noch aus dem Grunde, weil kaum jemand unter uns ist – die Jüngeren vielleicht ausgenommen –, der nicht den einen oder andern ihm lieben und teuren Menschen durch den Tod, wie wir sagen, verloren hat. Wenn es irgendeine Information über das Leben nach dem Tode gibt, so liegt uns natürlich sehr daran, sie zu erhalten.
Aber der erste Gedanke, der beim Lesen obiger Überschrift im Gehirn auftaucht, ist gewöhnlich: „Kann man denn etwas Bestimmtes über das Leben nach dem Tode erfahren?" Viele religiöse Körperschaften haben uns verschiedene Theorien über diesen Gegenstand vorgelegt; aber dennoch scheinen die Gläubigsten der Anhänger dieser Sekten kaum an ihre Lehren darüber zu glauben; denn sie sprechen noch immer vom Tode als vom „Könige der Schrecken" und scheinen die ganze Frage als von Geheimnissen und Gefahren umgeben zu betrachten. Sie mögen einen Ausdruck wie „in Gott entschlafen" gebrauchen; aber trotzdem tragen sie noch schwarze Kleider und den Trauerflor, benützen auffallendes schwarz gerändertes Papier, umgeben den Tod mit den äußeren Zeichen der Trauer und des Jammers und mit allem, was dazu beitragen kann, ihn noch schwärzer und schrecklicher hinzustellen. Wir haben in dieser Hinsicht ein schlechtes Erbe angetreten. Wir haben diese düsteren Begräbnissitten von unseren Vorfahren übernommen und daher sind wir daran gewöhnt und vermögen die Absurdität und Ungeheuerlichkeit alles dessen nicht einzusehen. Noch früher waren die Menschen in dieser Hinsicht weiser als wir; denn sie brachten diese düsteren Dinge nie mit dem Tode des

Körpers in Verbindung, zum Teil wohl deshalb, weil sie beim Ablegen des Körpers eine gründliche Methode in Anwendung zu bringen pflegten, die in Bezug auf den Toten und für die Gesundheit der Lebenden nicht nur bedeutend besser war, sondern auch nicht die Vorstellungen von langsamer Verwesung kannte. Die Alten wussten in jenen Tagen viel mehr über den Tod als wir, und eben, weil sie mehr wussten, trauerten sie weniger.
Vor allem müssen wir uns vor Augen halten, dass der Tod ein durchaus natürlicher Vorgang in unserem Leben ist. Dies sollten wir uns von Anfang an merken; denn wenn wir überhaupt an das Dasein eines Gottes, eines uns liebenden Vaters glauben, dann sollten wir wissen, dass ein Schicksal, das, wie der Tod, letzten Endes alle erreicht, für niemanden etwas Schlimmes bedeuten kann, und dass wir uns alle gleichermaßen in Gottes Schutz befinden, gleichgültig, ob wir in dieser oder jener Welt leben. Diese Betrachtung allein schon sollte uns zeigen, dass der Tod nicht etwas zum Fürchten, sondern einfach eine notwendige Stufe in unserer Entwicklung ist. Die Theosophie sollte nicht zu den christlichen Völkern kommen müssen, um sie zu lehren, dass der Tod ein Freund und kein Feind ist, und dies wäre auch nicht nötig, wenn die Christenheit nicht ihre eigenen besten Überlieferungen so weitgehend vergessen hätte. Sie ist so weit gekommen, das Grab als die Stätte anzusehen, „von der kein Mensch zurückkehrt", und das Versenken in die Gruft als einen Sprung ins Dunkle, in eine unbekannte Leere zu betrachten. In dieser wie auch in anderer Hinsicht bietet die Theosophie den westlichen Ländern ein Evangelium. Sie verkündet, dass es jenseits des Grabes keinen düsteren Abgrund gibt, sondern statt dessen eine Welt voll Licht und Leben, mit der wir genauso bekannt zu werden vermögen wie mit den Gassen unserer Vaterstadt. Wir haben uns die düstere Stimmung und den Schrecken selbst geschaffen wie

Die Erfahrungsberichte

Kinder, die einander durch Schauermärchen Furcht einflößen; aber wir brauchen nur die Tatsachen zu studieren und alle diese künstlichen Wolken werden sofort verschwinden. Der Tod ist kein finsterer König der Schrecken, kein Skelett mit einer Sense, mit der er den Lebensfaden zerschneidet, sondern eher ein Engel im Besitze eines goldenen Schlüssels, mit dem er uns das Tor zu einem reicheren und höheren Leben öffnet.

Natürlich wird man sagen: „Das ist alles sehr schön und poetisch; aber wie können wir bestimmt wissen, dass es auch wirklich so ist?" Das kann auf mancherlei Art erkannt werden. Es gibt mehr als genug Beweise für jeden, der sich Mühe nehmen will, sie zu sammeln. Shakespeares Behauptung ist wirklich bemerkenswert, wenn wir bedenken, dass seit uralten Zeiten und in jedem uns bekannten Lande die Hinübergegangenen wieder aus dem Jenseits zurückkamen und sich ihren Mitmenschen zeigten. Für diese Erscheinungen, wie man sie genannt hat, sind viele Beweise vorhanden. Es gab Zeiten, in denen es Mode war, all diese Geschichten ins Lächerliche zu ziehen; heute ist dies aber nicht mehr der Fall, da Männer der Wissenschaft, wie Sir William Crookes, der Entdecker des Metalls Thallium und der Erfinder von Crookes Radiometer, sowie Sir Oliver Lodge, der große Elektroingenieur, und hervorragende Männer der Öffentlichkeit, wie Mr. Balfour, der frühere Premierminister von England, einer zur Untersuchung der erwähnten Phänomene gegründeten Gesellschaft beitraten und sich lebhaft in derselben betätigten. Lesen Sie die Berichte dieser „Gesellschaft für psychische Forschungen", und Sie werden Beweise für die Rückkehr der Toten finden. Lesen Sie Bücher wie Mr. Steads „Wahre Geistergeschichten" oder Camille Flammarions „Das Unbekannte". Sie werden darin eine Menge Berichte über Erscheinungen vorfinden, und zwar nicht von solchen, die sich vor Jahrzehnten in irgendeinem entfernten Lande zeigten, sondern hier unter uns selbst bei noch lebenden Menschen, die darüber befragt werden können und welche die Tatsächlichkeit ihrer Erlebnisse bezeugen können.

Ein weiterer Beweis für das Fortleben nach dem Tode lässt sich durch das Studium des modernen Spiritismus erbringen. Ich weiß, dass viele Leute glauben, es gebe auf diesem Gebiete nur Schwindel und Betrug; aber ich persönlich kann dafür Zeugnis ablegen, dass das nicht der Fall ist. Wohl mag es in gewissen Fällen Schwindel und Betrug gegeben haben – ja, das hat es sogar gegeben –, aber nichtsdestoweniger behaupte ich furchtlos, dass große Wahrheiten dahinter stecken, die jeder erkennen kann, der gewillt ist, deren Erforschung die nötige Zeit und Geduld zu widmen. Auch hier gibt es eine reiche Literatur zum Studieren. Wer es aber vorzieht, kann seine Forschungen selber anstellen, wie ich es tat. Viele Leute mögen nicht gewillt sein, sich diese Mühe zu nehmen oder der Sache so viel Zeit zu widmen. Nun, das ist ihre eigene Angelegenheit; aber wenn sie nichts nachprüfen, so haben sie auch kein Recht, jene zu verhöhnen, die diese Dinge gesehen haben und daher wissen, dass sie existieren.

Ein dritter Beweis ergibt sich auf dem Wege direkter Untersuchungen, der den Schülern der Theosophie am ehesten zu empfehlen ist. Jeder Mensch hat latente Fähigkeiten, unentwickelte Sinne in sich. Wer sich die Mühe nimmt, diese Kräfte zu entfalten, kann die unsichtbare Welt unmittelbar erleben, die ganze Welt jenseits des Grabes wird offen vor seinen Augen liegen. Manche, die Theosophie studieren, haben die inneren Sinne bereits entwickelt, und gerade die auf diese Art erhaltenen Beweise sind es, die ich Ihnen zu unterbreiten wünsche. Ich weiß sehr wohl, dass ich damit eine große Zumutung an Sie stelle, eine Zumutung, die kein Kirchenlehrer je machen würde, wenn er Ihnen seine Version über den Zustand nach dem Tode übermittelt. Er wird sagen: „Die Kirche lehrt dies" oder „Die Bibel sagt uns das" aber er wird nie sagen: „Ich selbst habe dies gesehen und weiß, dass es so ist." Die Theosophie ist dagegen in der Lage, Ihnen zu versichern, dass viele ihrer Anhänger persönlich von diesen Dingen Kenntnis haben; denn wir behandeln eine Reihe von Tatsachen, die wir erforscht haben und die Sie Ihrerseits untersuchen können. Wir bieten Ihnen dar, was wir wissen; doch sagen wir zu Ihnen: „Wenn Ihnen dies nicht als vollkommen vernünftig erscheint, dann geben Sie sich mit unseren Behauptungen nicht zufrieden. Suchen Sie diese Dinge so gründlich wie möglich selbst zu erforschen, und dann werden Sie in der Lage sein, anderen gegenüber mit derselben Bestimmtheit zu sprechen, wie wir dies tun." Welche Tatsachen werden uns durch diese Forschungen enthüllt?

Die wahren Tatsachen

Was in der Astralwelt wirklich besteht, ist viel rationaler als die meisten umlaufenden Theorien. Es zeigt sich, dass beim Tode keine plötzliche Veränderung des Menschen eintritt oder dass er nach irgendeinem Himmel jenseits der Sterne verzaubert wird. Im Gegenteil, der Mensch bleibt nach dem Tode genau das, was er vorher war – derselbe in Bezug auf Intellekt, derselbe was seine Eigenschaften und Kräfte anbetrifft. Und die Verhältnisse, in denen er sich befindet, entsprechen denen, die seine eigenen Gedanken und Wünsche bereits für ihn geschaffen haben. Da erwartet ihn weder Belohnung noch Strafe von außen her, sondern einfach die Folge dessen, was er während seines Erdenlebens getan, gesagt und gedacht hat. Der Mensch zimmert sich tatsächlich sein Bett während seines Lebens, und nachher muss er darin liegen.

Die erste und bedeutendste Tatsache ist die, dass wir nach dem Tode kein unbekanntes, neues Leben vor uns haben, sondern eine Fortsetzung unseres jetzigen. Wir sind nicht getrennt von den Toten; denn sie sind hier die ganze Zeit um uns. Die einzige Trennung besteht in der Begrenzung unseres Bewusstseins, sodass wir unsere Lieben nicht verloren haben, sondern nur nicht die Fähigkeit besitzen, sie zu sehen. Es ist aber gut möglich, unser Bewusstsein auf eine solche Höhe zu bringen, dass wir sie sehen und mit ihnen sprechen können wie vordem, und wir alle tun dies beständig, obschon wir uns nur selten vollständig daran erinnern. Ein Mensch kann lernen, sein Bewusstsein auf seinen Astralkörper einzustellen, während sein physischer Körper wach ist; aber dies benötigt eine besondere Entwicklung und beim Durchschnittsmenschen würde dies viel Zeit beanspruchen. Aber jeder Mensch benützt während des Schlafes des physischen Körpers seinen Astralkörper in größerem oder kleinerem Maße, und auf diese Weise verkehren wir täglich mit unseren hinübergegangenen Lieben. Manchmal erinnern wir uns schwach daran, dass wir ihnen begegnet sind, und dann sagen wir, wir hätten von ihnen geträumt. Häufiger jedoch haben wir keine Erinnerung an solche Begegnungen und wissen nicht, dass sie stattgefunden haben. Es ist jedoch keine feste Tatsache, dass die Bande der Zuneigung stets gleich stark sind, und deshalb sucht der Mensch natürlicherweise im Moment, da er von den Begrenzungen seiner physischen Hülle befreit ist, die Gesellschaft derer auf, die er liebt. Die einzige Veränderung besteht darin, dass er die Nacht statt des Tages mit ihnen verbringt, und er ist sich astral statt physisch bewusst.

Etwas ganz anderes und unabhängig davon ist das Herüberbringen der Erinnerung von der Astralebene zur physischen. Dies berührt unser Bewusstsein auf jener Ebene gar nicht, auch nicht unsere Fähigkeit, dort mit Leichtigkeit und in voller Freiheit zu funktionieren. Ob man sich der Toten erinnert oder nicht, sie leben ihr Leben dicht bei uns, und der einzige Unterschied ist der, dass sie die Fleischeshülle, die wir Körper nennen, abgelegt

Die Erfahrungsberichte

haben. Das verändert sie aber nicht, ebenso wenig wie unsere Persönlichkeit verändert wird, wenn wir den Mantel ablegen. Man fühlt sich tatsächlich etwas freier, weil man weniger Gewicht zu tragen hat, und genau dasselbe ist bei den Toten der Fall. Die Leidenschaft des Menschen, seine Zuneigungen, seine Gemütsbewegungen und sein Intellekt werden nicht im Geringsten beeinflusst, wenn er stirbt; denn es gehört nichts davon dem physischen Körper an, den er abgelegt hat. Er hat diese Hülle abgestreift und lebt in einer anderen; aber er ist immer noch befähigt, wie früher zu denken und zu fühlen.
Ich weiß, wie schwierig es für den Durchschnittsdenker ist, die Wirklichkeit dessen zu erfassen, was wir mit unseren physischen Augen nicht sehen können. Es ist sehr schwer für uns, zu erkennen, wie unvollständig unser Sehvermögen ist – zu verstehen, dass wir in einer ungeheuren Welt leben, von der wir nur einen winzigen Teil sehen. Doch sagt uns die Wissenschaft mit Bestimmtheit, dass dies so ist; denn sie beschreibt uns ganze Welten kleinerer Lebewesen, von deren Vorhandensein wir keine Ahnung hätten, wenn nur unsere Sinne zu ihrer Wahrnehmung in Betracht kämen. Auch sind die Geschöpfe dieser Welten nicht unwichtig, weil sie so winzig sind; denn von der Kenntnis des Zustandes und der Lebensweise verschiedener dieser Mikroben hängt unsere Fähigkeit ab, unsere Gesundheit und in manchen Fällen sogar unser Leben zu bewahren. Aber unsere Sinne sind noch in anderer Hinsicht begrenzt. Wir können nicht einmal die Luft sehen, die uns umgibt, unsere Sinne geben uns keinen Hinweis auf ihr Vorhandensein, außer dass wir sie durch den Gefühlssinn gewahr werden, wenn sie bewegt ist. Und doch steckt in ihr eine Kraft, welche die gewaltigsten Schiffe zum Scheitern bringen und unsere solidesten Gebäude niederreißen kann. Sie sehen, dass es rings um uns ungeheure Kräfte gibt, die jedoch unseren armseligen und beschränkten Sinnen entgehen; deshalb müssen wir uns hüten, in den all-

Die wahren Tatsachen

gemein verbreiteten Irrtum zu verfallen, dass das, was wir sehen, alles ist, was es gibt.
Wir sind sozusagen in einem Turm eingeschlossen und unsere Sinne sind winzige, nach gewissen Richtungen gehende Fenster. Viele andere Richtungen sind uns vollkommen verschlossen; aber Hellsehen oder Astralsehen öffnet uns ein oder zwei Fenster mehr und erweitert so unseren Ausblick und breitet vor uns eine neue und ausgedehntere Welt aus, die doch ein Teil der alten ist, obschon wir vorher nichts davon wussten.

Was würden wir zunächst sehen, wenn wir in diese neue Welt hinausschauten? Nehmen wir an, jemand von uns verlegte sein Bewusstsein auf die Astralebene. Welche Veränderungen würden ihm zuerst auffallen? Auf den ersten Blick würde er keinen großen Unterschied bemerken, und er würde glauben, auf dieselbe Welt zu schauen wie vorher. Lassen Sie mich Ihnen wenigstens teilweise erklären, warum das so ist; denn eine vollständige Erklärung würde eine ganze Abhandlung über Astralphysik beanspruchen. Einzelheiten darüber finden sich in meinem Buche „Jenseits des Todes". Genauso, wie es auf Erden verschiedene Arten von Stoffen gibt, feste, flüssige und gasförmige, so gibt es verschiedene Zustände oder Dichtigkeitsgrade der astralen Materie, und jeder Grad wird von dem ihm ähnlichen auf der physischen Welt angezogen und stimmt mit ihm überein. Unser Freund würde also immer noch die Wände und Möbel sehen, an die er gewöhnt war; denn obgleich der physische Stoff, aus dem sie zusammengesetzt sind, für ihn nicht mehr sichtbar wäre, so würde ihm doch die dichteste Art der Astralmaterie einen ebenso klaren Umriss davon geben wie früher. Wenn er den betreffenden Gegenstand genau untersuchen würde, so könnte er bemerken, dass alle Partikelchen in rasender Bewegung sind, was auf der physischen Ebene unsichtbar war für ihn; aber wenige Menschen sind genaue

Die Erfahrungsberichte

Beobachter, und deshalb weiß ein eben Verstorbener zuerst oft gar nicht, dass eine Veränderung mit ihm vorgegangen ist.
Er schaut um sich und sieht die ihm vertrauten Räume noch immer von denen bewohnt, die er gekannt und geliebt hat – denn auch sie haben Astralkörper, die innerhalb seines neuen Sehbereiches sind. Erst nach und nach wird er sich bewusst, dass in mancher Hinsicht ein Unterschied besteht. Er findet zum Beispiel bald heraus, dass es für ihn weder Schmerz noch Müdigkeit mehr gibt. Wenn Sie sich vorstellen können, was das heißt, dann haben Sie einen Begriff davon, was das höhere Leben wirklich ist. Bedenken Sie nur, Sie, die kaum je einen ruhigen Augenblick haben, die unter dem Druck des geschäftigen Lebens sich kaum erinnern können, wann Sie zuletzt frei waren von Müdigkeit, bedenken Sie: was würde es für Sie heißen, nie mehr die Bedeutung der Worte Müdigkeit und Schmerz zu kennen? Wir Bewohner der westlichen Länder haben unsere Lehre über die Unsterblichkeit so schlecht gehandhabt, dass es ein Verstorbener gewöhnlich schwer hat zu glauben, dass er tot ist, aus dem einfachen Grund, weil er immer noch sieht und hört, denkt und fühlt. Oft wird er sich sagen: „Ich bin nicht tot; ich bin so lebendig wie sonst und besser als ich je war." Das ist eher natürlich; aber gerade das hätte er erwarten sollen, wenn er richtig belehrt worden wäre.
Die Erkenntnis seines Zustandes kommt ihm vielleicht auf folgende Weise: Er sieht seine Freunde um sich; aber er entdeckt bald, dass er nicht immer mit ihnen verkehren kann. Er spricht manchmal mit ihnen; aber sie scheinen nicht zu hören. Er versucht, sie zu berühren; aber er bemerkt, dass sie nicht darauf reagieren. Selbst dann redet er sich eine Zeitlang noch ein, dass er träumt und bald erwachen wird; denn zu anderen Zeiten – wenn seine Freunde schlafen, wie wir sagen – sind sie sich seiner vollständig bewusst und sprechen mit ihm wie früher. Aber nach und nach erkennt er die Tatsache, dass er doch tot ist, und dann

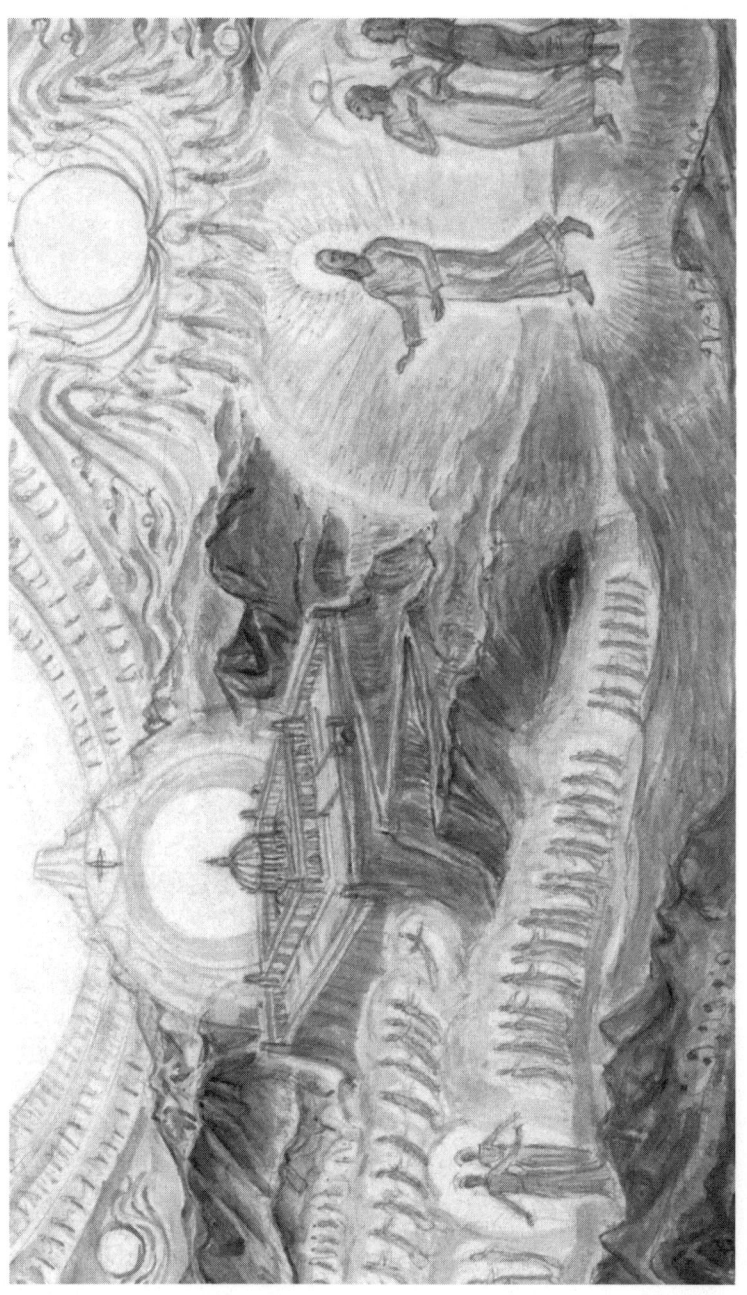

Himmelswelt

wird er gewöhnlich bedrückt. Warum? Wiederum nur, weil er so ungenaue Belehrungen erhalten hat. Da sein Zustand nicht dem entspricht, was er vom orthodoxen Standpunkt aus erwartete, begreift er nicht, wo er ist und was geschehen ist. Ein englischer General sagte einmal bei einer solchen Gelegenheit: „Aber wenn ich tot bin, wo bin ich? Wenn jenes der Himmel ist, so halte ich nicht viel davon, und wenn es die Hölle ist, so ist sie besser, als ich erwartete!"

Das Fegefeuer

Viel absolut unnötiges Gedrücktsein und selbst eigentliches Leiden wurde durch diejenigen verursacht, die immer noch fortfahren, der Welt einfältige Fabeln über gar nicht existierende Schreckgespenste zu erzählen, statt dass sie Vernunft und gesunden Menschenverstand walten lassen. Die ganz unbegründete und lästerliche Theorie vom Höllenfeuer hat mehr Unheil gestiftet, als die sich vorstellen können, die sie erfunden haben; denn sie hat sowohl jenseits des Grabes als auch auf Erden Schlimmstes angerichtet. Aber gelegentlich wird der „tote" Mensch einem anderen Toten begegnen, der vernünftiger belehrt worden ist, und dieser wird ihm beibringen, dass er keine Angst zu haben braucht und man in dieser neuen Welt ein ebenso vernünftiges Leben führen kann wie in der alten.
Allmählich wird er herausfinden, dass es sowohl viel Neues als auch Gegenstücke zu dem ihm bereits Bekannten gibt; denn in dieser astralen Welt kommen Gedanken und Wünsche in sichtbaren Formen zum Ausdruck, wenn sie auch meistens aus dem feineren Stoffe der Astralebene gebildet sind. Je weiter der Mensch im astralen Leben fortschreitet, um so ausgeprägter werden diese Gebilde; denn wir müssen bedenken, dass er sich

beständig mehr und mehr in sich zurückzieht. Die ganze Zeit einer Inkarnation wird in Wirklichkeit vom Ego damit ausgefüllt, dass es sich zuerst in die Materie versenkt, um sich dann mit den Ergebnissen seiner Anstrengung wieder zurückzuziehen. Wenn man einen gewöhnlichen Menschen bitten würde, das Leben durch eine Linie symbolisch darzustellen, so würde er sie wahrscheinlich gerade ziehen, mit der Geburt beginnend und mit dem Tode endend. Wer aber Theosophie studiert, sollte sich das Leben eher wie eine große Ellipse vorstellen, die vom Ego auf der höheren Mentalebene ausgeht und zu diesem zurückkehrt. Die Linie würde sich in die niedere Mentalebene und dann in die astrale hinunterziehen. Nur ein verhältnismäßig kleiner Teil am unteren Ende der Ellipse läge auf der physischen Ebene und die Linie würde sehr bald wieder in die Astral- und Mentalebenen aufsteigen. Das physische Leben würde deshalb nur durch den kleinen Teil der Kurve dargestellt, der unterhalb der Linie liegt, die die Grenze zwischen der astralen und der physischen Ebene bildet, und Geburt und Tod würden einfach durch die beiden Schnittpunkte der Kurve mit dieser Linie bezeichnet – und keinesfalls sind dies die wichtigsten Punkte des Ganzen.

Der wirkliche Mittelpunkt wäre der am weitesten vom Ego entfernte Punkt – sozusagen der Drehpunkt –, den man in der Astronomie Aphelion nennt. Das ist weder Geburt noch Tod, sondern wäre ein mittlerer Punkt im physischen Leben, wo sich die Stoßkraft des Egos nach vorwärts erschöpft hat und sich wendet, um den langen Prozess des In-sich-Zurückkehrens zu beginnen. Allmählich sollten sich seine Gedanken nach oben wenden; es kümmert sich immer weniger um bloß physische Dinge und endlich legt es den physischen Körper ganz ab. Damit beginnt sein Leben auf der astralen Ebene; aber auch während seiner ganzen Dauer setzt sich der Prozess des In-sich-Zurückziehens fort. Die Folge davon ist, dass es der niedrigeren

Die Erfahrungsberichte

Materie, aus welcher Gegenstücke von physischen Dingen gebildet sind, im Laufe der Zeit immer weniger Aufmerksamkeit schenkt. Es beschäftigt sich mehr und mehr mit jener feineren Materie, aus denen die Gedankenformen bestehen – das heißt, soweit Gedankenformen überhaupt auf der Astralebene vorkommen. So verbringt es sein Leben mehr und mehr in einer Welt von Gedanken, und das Gegenstück der Welt, die es verlassen hat, entschwindet seinem Blick, nicht weil es räumlich seinen Aufenthalt geändert, sondern weil sich der Mittelpunkt seines Interesses verschoben hat. Seine Wünsche bestehen aber immer noch und die es umgebenden Formen werden größtenteils der Ausdruck dieser Wünsche sein. Ob sein Leben glücklich oder unglücklich ist, wird hauptsächlich von der Art dieser Wünsche abhängen.

Ein Studium dieses astralen Lebens zeigt uns sehr deutlich den Grund zu vieler ethischer Vorschriften. Die meisten Menschen erkennen, dass Sünden, die andere schädigen, offenbar und entschieden unrecht sind; aber sie wundern sich manchmal, warum man sagen sollte, es sei unrecht von ihnen, Neid, Hass oder Ehrgeiz zu empfinden, solange sie diese Gefühle nicht nach außen durch Tat oder Worte bekunden. Ein Blick in die Astralwelt zeigt uns deutlich, wie solche Gefühle dem Menschen schaden, der sie hegt, und wie sie ihm nach seinem Tode die schwersten Leiden zuziehen können. Wir werden dies besser begreifen, wenn wir einige typische Fälle aus dem Astralleben untersuchen und ihre Hauptmerkmale betrachten.

Wir wollen zunächst an einen Durchschnittsmenschen denken, der weder besonders gut noch besonders schlecht ist, der überhaupt nichts Besonderes ist. Dieser Mensch ist in keiner Weise verändert; somit wird sein Hauptmerkmal nach dem Tode Mittelmäßigkeit bleiben, wenn wir diese als ein Merkmal bezeichnen können. Er wird keine besondere Freude und kein besonderes Leid empfinden und wird das Astralleben eher

Das Fegefeuer

eintönig finden, weil er während seines Erdenlebens keine vernünftigen Interessen verfolgt hat. Hat er für weiter nichts Sinn gehabt als für Klatscherei oder Sport, sein Geschäft oder seine Kleider, so wird ihm die Zeit wohl sehr lange werden, wenn nun alle diese Dinge nicht mehr möglich sind. Aber schlimmer noch ist der Fall eines Menschen mit starken Wünschen materieller Art, die nur auf der physischen Ebene befriedigt werden konnten. Man denke an einen Trinker oder an einen Lüstling. Während seines Erdenlebens war er der Sklave eines überwältigenden Triebes und dieser bleibt nach seinem Tode unvermindert – vielmehr ist er stärker denn je, da dessen Schwingungen nicht mehr die schweren physischen Partikel in Bewegung zu setzen brauchen. Aber die Möglichkeit, diesen furchtbaren Trieb zu befriedigen, ist für immer ausgeschlossen, weil der Körper nicht mehr vorhanden ist, durch den allein er befriedigt werden konnte. Wir sehen, dass das Fegefeuer kein übles Symbol ist für die Schwingungen eines so quälenden Wunsches wie dieser. Er mag lange Zeit anhalten, da er sich erst allmählich erschöpft, und das Schicksal dieses Menschen ist zweifellos schrecklich. Doch gibt es zwei Punkte, die wir bei dessen Betrachtung berücksichtigen sollten. Erstens: Der Mensch hat sich dieses Schicksal durchaus selbst geschaffen und den genauen Grad seiner Wirkung und dessen Dauer bestimmt. Hätte er jenen Trieb während seines Erdenlebens überwunden, so wäre genau so viel weniger davon geblieben, das ihn nach dem Tode hätte quälen können. Zweitens: Dies ist die einzige Art, auf die er sich von seinem Laster befreien kann. Könnte er vom Leben eines Lüstlings und Trinkers direkt in seine nächste Inkarnation übergehen, so würde er als Sklave seines Lasters geboren – es würde ihn von Anfang an beherrschen, und er hätte keine Möglichkeit, ihm zu entfliehen. Aber nun, da der Trieb in sich selbst erstorben ist, wird er seine neue Laufbahn ohne diese Last beginnen, und die Seele, die eine so ernste

Die Erfahrungsberichte

Lektion erhalten hat, wird alle nur möglichen Anstrengungen machen, ihre niedrigen Hüllen vor der Wiederholung eines solchen Irrtums zu bewahren.
All dies war der Welt zur Zeit des klassischen Altertums noch bekannt. Wir sehen dies klar veranschaulicht in der Sage von Tantalus, der beständig an glühendem Durst litt, jedoch dazu verdammt war, das Wasser jedes Mal zurückweichen zu sehen, wenn es im Begriffe war, seine Lippen zu berühren. Manche andere Sünde verursacht ebenso grässliche Wirkungen, obschon eine jede ihrer Ursache entspricht. Man stelle sich vor, wie der Geizhals leiden muss, wenn er sein Gold nicht mehr anhäufen kann, wenn er vielleicht sogar weiß, dass es von fremden Händen ausgegeben wird. Man denke an die Qualen eines Eifersüchtigen, dessen Gefühle noch stärker sind als auf Erden, wenn er weiß, dass er keine Macht hat, sich irgendwie einzumischen. Wir werden auch an die griechische Sage von Sisyphus erinnert, der dazu verdammt war, einen schweren Felsblock den Berg hinaufzuwälzen, um ihn jedes Mal hinabrollen zu sehen, wenn er den Gipfel beinahe erreicht hatte. Beachten Sie, wie typisch dies das jenseitige Leben eines Menschen darstellt, der nur nach weltlichem Ehrgeiz trachtete. Sein ganzes Leben lang pflegte er selbstsüchtige Pläne zu schmieden, und deshalb fährt er fort, dies in der Astralwelt zu tun. Er baut seinen Plan im Gehirn bis zur Vollkommenheit auf, um dann einsehen zu müssen, dass er den zur Ausführung notwendigen physischen Körper nicht mehr hat. Seine Hoffnungen stürzen zusammen; aber die Gewohnheit ist so fest eingewurzelt, dass er immer wieder denselben Felsen auf denselben Berg des Ehrgeizes hinaufwälzt, bis das Laster erstirbt. Dann endlich begreift er, dass er den Felsen nicht hinaufzuwälzen braucht und lässt ihn friedlich am Fuße des Berges liegen.
Wir haben den gewöhnlichen Menschen und den sich von ihm durch seine selbstsüchtigen Triebe unterscheidenden ins Auge

Das Fegefeuer

gefasst. Nun wollen wir den Fall jenes Menschen betrachten, der von dem gewöhnlichen Menschen in entgegengesetzter Richtung abweicht – des Menschen, der Interessen vernünftiger Art hat. Um zu verstehen, wie ihm das Leben nach dem Tode vorkommt, müssen wir uns vergegenwärtigen, dass die meisten Menschen den größten Teil ihres Lebens und am meisten Kraft einer Arbeit widmen, die sie nicht wirklich lieben und die sie überhaupt nicht verrichten würden, wenn sie nicht damit ihr Brot verdienen oder diejenigen unterstützen müssten, die von ihnen abhängig sind. Denken Sie sich die Lage des Menschen, der all diese Mühsale überstanden hat, der das tägliche Brot nicht mehr zu verdienen braucht, da der Astralkörper weder Nahrung noch Kleidung, noch Wohnung nötig hat. Dieser Mensch ist zum ersten Mal seit seiner frühesten Kindheit frei zu tun, was ihm gefällt, und kann seine ganze Zeit seiner Lieblingsbeschäftigung widmen – insofern diese ohne physische Materie ausgeübt werden kann. Angenommen, ein Mensch habe die größte Freude an Musik. Auf der Astralebene hat er Gelegenheit, der großartigsten Musik zuzuhören, die auf Erden hervorgebracht werden kann, ja, er ist sogar fähig, in den neuen Verhältnissen viel mehr in ihr zu hören als früher, da jetzt andere und vollkommenere Harmonien in seinem Bereich sind, als unsere wenig empfindlichen Ohren aufzunehmen vermögen. Der Mensch, dessen größte Freude die Kunst ist, der Schönheit in Farbe und Form liebt, hat all die Pracht dieser höheren Welt um sich, aus der er wählen kann. Liebt er die Schönheiten der Natur, so hat er unvergleichliche Möglichkeiten, sie zu genießen; denn er kann sich jederzeit schnell von Ort zu Ort begeben und sich in rascher Aufeinanderfolge an Naturwundern erfreuen, deren Besuch für den physischen Menschen Jahre erfordern würde. Hegt er große Vorliebe für Wissenschaften oder Geschichte, so stehen ihm die Bibliotheken und Laboratorien der Welt zur Verfügung und sein Verständnis für chemische und biologische

Die Erfahrungsberichte

Prozesse wäre viel größer als je zuvor; denn jetzt könnte er sowohl die inneren als auch die äußeren Vorgänge und auch ihre Ursachen und Wirkungen beobachten. Und dazu kommt noch in allen diesen Fällen die Wonne, dass keine Ermüdung möglich ist. Hier wissen wir, dass wir unsere Studien oder Experimente oft nicht weiterführen können, weil unser Gehirn nur eine gewisse Anstrengung erträgt. Jenseits der physischen Welt aber tritt keine Ermüdung ein; denn in Wirklichkeit ermattet nur das physische Gehirn, nicht aber der Verstand.

Die ganze Zeit habe ich nur von selbstsüchtigem Genießen gesprochen, obschon es rationeller und intellektueller Art ist. Aber es gibt Menschen unter uns, die nicht befriedigt wären ohne etwas Höheres als dies – deren größte Freude in irgendeinem Leben darin besteht, ihren Mitmenschen zu dienen. Was steht diesen Menschen im Astralleben bevor? Sie werden ihre Philanthropie nachdrucksvoller denn je und unter günstigeren Bedingungen als auf dieser niedrigen Ebene ausüben. Es gibt tausende, denen sie helfen können, und zwar mit weit größerer Gewissheit, wirklich Gutes tun zu können, als dies gewöhnlich in diesem Leben geschieht. So widmen sich einige der allgemeinen Wohlfahrt; manche nehmen sich speziell ihrer eigenen Familie oder ihrer Freunde an, mögen sie noch lebend oder schon tot sein. Die Anwendung dieser Wörter „lebendig" und „tot" ist eine merkwürdige Umkehrung der Tatsachen; denn sicher sind wir die Toten, wir, die wir in diesem grobstofflichen Körper begraben sind; sie aber, die so viel freier und leistungsfähiger, weil weniger behindert sind, sind tatsächlich die Lebenden. Die in dieses höhere Leben eingegangene Mutter wird oft noch über ihrem Kinde wachen und ihm ein wahrer Schutzengel sein; der „tote" Gatte bleibt oft noch in Reichweite und in Kontakt mit seiner trauernden Gattin, und er ist dankbar, wenn er sie ab und zu fühlen lassen kann, dass er in Kraft und Liebe bei ihr ist wie früher.

Das Fegefeuer

Sie mögen denken, dass es unter solchen Umständen gut sei, möglichst früh zu sterben. Das scheint dem Selbstmord das Wort zu reden. Wenn Sie nur an sich und an Ihr Vergnügen denken, dann wäre dies allerdings richtig. Aber wenn Sie an Ihre Pflichten Gott und Ihren Mitmenschen gegenüber denken, werden Sie zu einer gegenteiligen Ansicht kommen. Sie sind zu einem bestimmten Zweck hier – einem Zweck, der nur auf dieser physischen Ebene erreicht werden kann. Die Seele muss viele Mühsale auf sich nehmen, muss viele Einschränkungen erfahren, um diese irdische Inkarnation zu erleben, und deshalb dürfen ihre Anstrengungen nicht unnötigerweise zunichte werden. Der Selbsterhaltungstrieb wohnt in unserer Brust, und wir haben die Pflicht, so viel wie möglich aus unserem Erdenleben zu machen und es so lange zu erhalten, als es die Umstände erlauben. Es gibt auf dieser Ebene Lektionen zu erlernen, die nirgends sonst gelernt werden können, und je eher wir dies tun, desto rascher werden wir für immer von der Notwendigkeit befreit sein, zu diesem niedrigen und begrenzteren Leben zurückzukehren. So soll es niemand wagen zu sterben, ehe seine Zeit gekommen ist, obschon er sich wohl freuen mag, wenn dieser Zeitpunkt eintritt; denn er schreitet in der Tat von der Arbeit zur Erholung. Doch ist alles, was ich Ihnen jetzt gesagt habe, unbedeutend, verglichen mit dem Glanze des darauf folgenden Lebens – des Lebens in der Himmelswelt. Jenes Leben ist das Fegefeuer – das im Himmel aber ist jene von Mönchen geträumte und von Dichtern besungene endlose Wonne, die kein Traum ist, sondern eine lebendige, glorreiche Wirklichkeit. Das Astralleben ist glücklich für manche, unglücklich für andere, je nach der Vorbereitung dazu; aber was darauf folgt, ist vollkommene Glückseligkeit für alle und ist den Bedürfnissen eines jeden genau angepasst.

Ehe wir dieses Kapitel beschließen, lassen Sie mich noch auf eine oder zwei Fragen eingehen, die fortwährend bei jenen

Die Erfahrungsberichte

auftauchen, die Auskunft über das Leben nach dem Tode wünschen. Manche fragen: „Werden wir dort Fortschritte machen können?" Zweifellos, denn das Gesetz des göttlichen Planes ist Fortschritt. Er ist möglich, unserer Entwicklung genau entsprechend. Der Mensch, der der Sklave seiner Triebe ist, kann nur fortschreiten, indem er sie erschöpft; das ist immerhin das Beste, das auf seiner Stufe möglich ist. Aber der gütige und hilfsbereite Mensch lernt viel und auf mancherlei Art durch die Arbeit, die er in jenem astralen Leben zu verrichten fähig ist. Er wird mit vielen Kräften und Eigenschaften auf die Erde zurückkehren, die er durch Übung in selbstlosem Mühen erworben hat. Somit brauchen wir uns hinsichtlich dieser Frage des Fortschrittes keine Sorgen zu machen.

Eine andere, oft erhobene Frage ist die, ob wir unsere ins Jenseits vorangegangenen Lieben wieder erkennen werden. Gewiss wird dies der Fall sein; denn weder sie noch wir werden verändert sein. Warum sollten wir sie also nicht erkennen? Die gegenseitige Zuneigung besteht immer noch und wirkt wie ein Magnet, der diejenigen zusammenführt, die diese Zuneigung hegen, und zwar rascher und sicherer als hier. Wenn einer unserer Lieben diese Erde schon lange verlassen hat, mag es allerdings sein, dass er auch die Astralebene bereits hinter sich hat und in die Himmelswelt eingegangen ist. In diesem Falle müssen wir warten, bis auch wir jene Stufe erreicht haben, bevor wir ihn treffen können; aber wenn es soweit ist, werden wir uns vollkommener mit ihm vereint fühlen, als wir uns auf dieser Erde je vorstellen können. Aber seien Sie versichert, dass Ihre Lieben nicht verloren sind. Starben sie vor Kurzem, so werden sie Ihnen auf der Astralebene begegnen; sind sie schon lange tot, so werden Sie sie in der Himmelswelt wiederfinden; aber auf jeden Fall ist die Wiedervereinigung gewiss, wo Zuneigung besteht. Denn im Leben wie im Tode ist die Liebe eine der mächtigsten Kräfte des Universums.

Über dieses höhere Leben bietet die einschlägige Literatur interessanten Aufschluss, und es lohnt sich wohl, diesen Gegenstand zu studieren; denn das Wissen um die Wahrheit befreit von aller Furcht vor dem Tode und macht das Leben lebenswerter, weil wir seinen Sinn und Zweck verstehen. Der Tod bringt keine Leiden, sondern nur Freude denen, die das wahre, das selbstlose Leben führen. Das alte lateinische Sprichwort „Mors janua vitae" – der Tod ist das Tor zum Leben – trifft im wahrsten Sinne des Wortes zu. Es sagt genau, was der Tod ist – ein Tor zu einem erweiterten und höheren Leben. Diesseits wie jenseits des Grabes herrscht das große Gesetz der göttlichen Gerechtigkeit und wir können für uns und unsere Lieben hier wie im Jenseits unbedingt der Wirksamkeit dieses Gesetzes vertrauen.

Die Himmelswelt

Alle Religionen stimmen überein in der Annahme eines Himmels und erklären, dass der Genuss von dessen Wonne einem gut geführten Erdenleben folgt. Christentum und Islam bezeichnen ihn als eine von Gott zugedachte Belohnung für die, die ihm wohlgefällig sind. Die meisten anderen Religionen aber beschreiben ihn als das unfehlbare Resultat des guten Lebens, genauso wie dies auch vom theosophischen Standpunkt aus geschieht. Obgleich alle Religionen dieses glückliche Leben in glühenden Farben geschildert haben, ist es doch keiner gelungen, ihren Beschreibungen den Eindruck der Wirklichkeit zu verleihen. Alles, was über den Himmel geschrieben wurde, weicht von allen uns bekannten Dingen so sehr ab, dass uns manche Schilderungen fast grotesk anmuten. Wir möchten dies nicht von den uns seit unserer Kindheit vertrauten Legenden

Die Erfahrungsberichte

behaupten; aber wenn uns die Geschichten einer der anderen großen Religionen vorgelesen würden, so könnten wir dies leicht genug erkennen. In buddhistischen oder hinduistischen Büchern wird man übertriebene Berichte von unermesslichen Gärten finden, deren Bäume von Gold und Silber sind und deren Früchte aus Juwelen aller Art bestehen. Man könnte versucht sein, darüber zu lächeln, wenn einem nicht der Gedanke käme, dass dem Buddhisten und Hindu unsere Märchen von Straßen aus Gold und Toren aus Perlen schließlich ebenso unwahrscheinlich vorkommen müssen. Tatsächlich wird diesen Berichten nur etwas Lächerliches anhaften, wenn wir sie wörtlich nehmen und übersehen, dass jeder Schreiber sich von seinem Standpunkt aus an dieselbe Aufgabe heranmacht und dass sie allen gleichermaßen nicht gelingt, weil die große Wahrheit, die hinter allem steckt, überhaupt nicht in Worten ausgedrückt werden kann. Der Hindu-Schriftsteller hatte zweifellos einige der großartigsten Gärten indischer Könige gesehen, in denen solche Zierden, die er beschreibt, häufig angebracht wurden. Dem jüdischen Schriftsteller waren derartige Dinge nicht geläufig; aber er wohnte in einer großen, prächtigen Stadt – wahrscheinlich in Alexandria – und deshalb war seine Vorstellung von der Himmelspracht eine Stadt, aber sie übertraf alles, was es auf Erden gab, durch die Kostbarkeit ihres Materials und ihrer Schönheiten. So versucht jeder mit den ihm vertrauten Vergleichen eine Wahrheit zu schildern, die zu erhaben ist, um in Worten ausgedrückt zu werden.
Es hat immer wieder Menschen unter uns gegeben, welche die Glorie des Himmels gesehen und versucht haben, sie mit ihren schwachen Mitteln zu beschreiben. Einige unserer Leute, die Theosophie studieren, gehören dazu, und im theosophischen Handbuch „Die Devachan-Ebene" (Leipzig 1911) machte ich selbst einen Versuch in jener Richtung. Wir sprechen jetzt nicht von Gold und Silber, Rubinen und Diamanten, wenn wir die

Die Himmelswelt

Vorstellung der größtmöglichen Verfeinerung und Schönheit in Farbe und Form vermitteln wollen; wir nehmen unsere Vergleiche vielmehr von den Farben des Sonnenunterganges und von all der Pracht des Meeres und des Himmels, weil sie uns himmlischer vorkommen. Dennoch aber wissen alle diejenigen, die die Wahrheit gesehen haben, dass uns alle unsere Versuche, sie zu beschreiben, ebenso misslungen sind, wie es den orientalischen Schriftstellern nicht geglückt ist, die Vorstellung einer Wirklichkeit zu übermitteln, die keine Worte je schildern können, obschon sie jeder eines Tages schauen und erkennen wird. Denn dieser Himmel ist kein Traum; er ist eine leuchtende Wirklichkeit; aber um überhaupt etwas davon zu verstehen, müssen wir zuerst eine unserer alten Ideen über dieses Kapitel ändern. Der Himmel ist kein Ort, sondern ein Bewusstseinszustand. Wenn Sie mich fragen: „Wo ist der Himmel?", muss ich Ihnen antworten, dass er hier ist – rings um Sie herum, gerade in diesem Augenblick, so nahe wie die Luft, die Sie atmen. Das Licht ist überall um euch, wie Buddha schon vor langen Zeiten sagte; ihr braucht nur die Binde von euren Augen zu nehmen und zu schauen. Aber was bedeutet dieses Entfernen einer Binde? Wofür ist es Symbol? Es handelt sich einfach darum, das Bewusstsein auf eine höhere Stufe zu erheben, und um die Fähigkeit, es in den Körper aus feinerem Stoffe überzuleiten. Ich habe bereits von der Möglichkeit gesprochen, dasselbe in Bezug auf den Astralkörper zu tun, wodurch die Astralwelt geschaut werden kann. Nun bedarf es nur einer weiteren Stufe im gleichen Prozess, nämlich des Erhebens des Bewusstseins in die mentale Welt; denn der Mensch besitzt auch für diese Ebene einen Körper, durch den er jene Schwingungen aufzunehmen und in der strahlenden Pracht des Himmels zu leben vermag, obwohl er noch immer einen physischen Körper besitzt – zu dem zurückzukehren er nach solchen Erfahrungen allerdings wenig Neigung verspüren dürfte.

Die Erfahrungsberichte

Der Durchschnittsmensch erreicht diesen Zustand der Wonne erst nach dem Tode, und zwar mit Ausnahme weniger, seltener Fälle nicht sofort, nachdem dieser erfolgt ist. Ich habe bereits erklärt, wie sich das Ego nach dem Tode des physischen Körpers mehr und mehr in sich zurückzieht. Das ganze astrale Leben ist in Wirklichkeit ein beständiges Sich-Zurückziehen, und wenn die Seele im Laufe der Zeit die Grenze der astralen Welt erreicht, so stirbt der Mensch für diese, genauso, wie dies früher auf der physischen Ebene geschah. Das heißt, dass er den Körper der Astralwelt ablegt und zurücklässt, während er selbst in ein höheres und vollkommeneres Leben eingeht. Diesem zweiten Tode gehen weder Schmerzen noch Leiden irgendwelcher Art voraus; doch tritt wie beim ersten Tode gewöhnlich eine Zeit der Bewusstlosigkeit ein, aus der der Mensch allmählich erwacht. Vor einigen Jahren schrieb ich ein Buch, betitelt „Die Devachan-Ebene". Ich bemühte mich, dem Leser darin ausführlicher zu beschreiben, was er dort sehen würde, und soweit es mir möglich war, tabellarisierte ich die verschiedenen Unterebenen dieses herrlichen Landes des Lichtes und schilderte Einzelheiten, die bei unseren Untersuchungen in Verbindung mit diesem Himmelsleben beobachtet worden waren. Jetzt werde ich versuchen, diese Dinge mit Ihnen von einem anderen Standpunkt aus zu betrachten, und wer es wünscht, kann das Nachstehende durch die Lektüre des Buches ergänzen.

Die vielleicht am besten verständliche einführende Feststellung ist die, dass diese Ebene die Sphäre des göttlichen Geistes ist, dass wir hier wahrhaftig im Reiche der Gedanken selbst leben und dass alles, was der Mensch nur irgendwie denken könnte, hier in lebendiger Wirklichkeit vorhanden ist. Dadurch, dass wir die Gewohnheit haben, materielle Dinge als wirklich bestehend, nichtmaterielle aber als Traumgebilde und deshalb als unwirklich zu betrachten, sind wir sehr benachteiligt; denn in Wirklichkeit ist alles Materielle in diesem Stoff begraben und ver-

Die Himmelswelt

borgen, und darum ist es weit weniger wahrnehmbar und erkennbar – wie wirklich es auch sein mag –, als wenn es von einem höheren Standpunkt aus betrachtet würde. So denken wir sofort an eine Scheinwelt, wenn wir von einer Welt der Gedankenformen hören, an eine Welt, die „aus Stoff besteht, aus dem die Träume gewoben sind", wie der Dichter sagt.
Versuchen Sie sich vorzustellen, dass das erste Gefühl eines Menschen, der seinen physischen Körper verlässt und sein Bewusstsein dem astralen Leben öffnet, das Gefühl intensiver Lebendigkeit und Wirklichkeit jenes Lebens ist, sodass er denkt: „Jetzt weiß ich zum ersten Male, was leben heißt." Aber wenn er dann später dieses Leben verlässt, um in ein höheres einzugehen, macht er genau dieselbe Erfahrung; denn das neue Leben ist seinerseits so viel vollendeter, ausgedehnter und intensiver als das Astralleben, dass wiederum kein Vergleich möglich ist. Und doch gibt es noch ein anderes Leben, das all dies übertrifft, mit dem verglichen sogar jenes nur wie Mondlicht im Verhältnis zum Sonnenlicht ist; aber es ist zwecklos, jetzt daran zu denken.
Es mag viele Leute geben, denen es unsinnig vorkommt, dass eine Welt der Gedanken wirklicher sein sollte als die physische Welt. Es wird für sie so bleiben, bis sie einige Erfahrung in einem höheren als diesem Leben gesammelt haben. Dann werden sie in einem einzigen Augenblick weit mehr erkennen, als ihnen Worte jemals übermitteln können.
In jener Welt finden wir also die unendliche Fülle des göttlichen Geistes vor, der in seinem unbegrenzten Reichtum jeder Seele in genau dem Maße offen steht, als sie sich dafür eignet, ihn aufzunehmen. Hätte ein Mensch seine ihm vorgezeichnete Entwicklung erreicht, hätte er die Göttlichkeit, deren Keim in ihm liegt, völlig entfaltet und verwirklicht, dann wäre diese ganze Herrlichkeit in Reichweite für ihn; da dies aber noch niemand von uns getan hat, da wir uns erst nach und nach zu jener wun-

Die Erfahrungsberichte

derbaren Vollendung erheben können, vermag dies noch niemand zu erfassen, sondern jeder zieht davon nur so viel an sich und kann nur das erkennen, was er, durch vorausgehende Anstrengung vorbereitet, aufnehmen kann. Die verschiedenen Individuen besitzen sehr verschiedene Fähigkeiten. In einem morgenländischen Gleichnis heißt es: Jeder Mensch bringt sein eigenes Gefäß mit. Einige davon sind groß, andere sind klein, aber ob klein oder groß, jedes Gefäß wird bis zum äußersten Rande gefüllt. Das Meer der Seligkeit enthält für alle mehr als genug.
Alle Religionen haben von dieser himmlischen Seligkeit berichtet, aber wenige haben uns mit genügender Klarheit und Präzision die Grundidee dargelegt, die allein auf vernünftige Weise erklärt, wie alle Menschen solcher Seligkeit teilhaftig werden können. Die Tatsache, dass jeder Mensch sich seinen eigenen Himmel durch Auswahl aus der unaussprechlichen Pracht der göttlichen Gedankenwelt selbst schafft, ist wirklich der Grundstein der Erkenntnis. Ein Mensch bestimmt sowohl die Dauer als auch die Art seines Himmelslebens durch die Ursachen, die er während seines Erdenlebens geschaffen hat. Deshalb kann er nur genau das erwarten, was er verdient hat, und genau jene Art Freude empfinden, die seinen Reaktionen entspricht; denn dies ist eine Welt, in der sich jedes Wesen, schon allein infolge seines Bewusstseins darin, der höchsten geistigen Glückseligkeit erfreuen muss, deren es fähig ist – eine Welt, deren Macht, auf sein Streben zu reagieren, nur durch seine eigene Fähigkeit begrenzt ist.
Der Mensch hatte sich durch seine Triebe und Leidenschaften in seinem Erdenleben einen Astralkörper aufgebaut, in dem er während seiner astralen Existenz leben musste, und jene Zeit war glücklich oder schrecklich, je nach der Art dieses Körpers. Dann ist das Leben im Fegefeuer zu Ende; denn seine niedere Natur hat sich selbst verzehrt. Nun bleiben nur die höheren und

Die Himmelswelt

verfeinerten Gedanken, die edlen und selbstlosen Aspirationen übrig, die er während seines irdischen Daseins verfolgt hat. Diese sammeln sich um ihn und bilden eine Art Schale, durch deren Vermittlung es ihm möglich ist, auf gewisse Schwingungsarten dieses verfeinerten Stoffes zu reagieren. Diese ihn umgebenden Gedanken sind die Kräfte, durch die er aus dem Reichtum der Himmelswelt schöpft, und er erkennt, dass diese eine Vorratskammer von unendlicher Ausdehnung ist, aus der er genau jenen Gedanke und Aspirationen entsprechend schöpfen kann, die er im physischen und astralen Leben schuf. Seine erhabenste Zuneigung und seine Hingebung zeitigen nun ihre Früchte; denn sonst ist nichts übrig geblieben. Alles, was selbstsüchtig oder habgierig war, wurde in der Welt der Triebe zurückgelassen.

Denn es gibt zwei Arten von Zuneigung. Die eine verdient diesen Namen kaum. Sie denkt stets daran, wie viel Liebe sie für die ihre zurückerhält, sorgt sich stets darum, ob der andere Mensch die Neigung auch in gleichem Maße erwidert, und ist darum beständig in die argen Netze der Eifersucht und der Verdächtigung verstrickt. Ein solch eigensüchtiges und gieriges Gefühl wird Früchte des Zweifels und des Elendes auf der Wunschebene zeitigen, auf die es offensichtlich gehört. – Aber es gibt noch eine andere Art Liebe, die sich niemals dabei aufhält, wie viel Liebe sie wieder empfängt, sondern die nur das eine im Auge hat, sich rückhaltlos dem Gegenstande ihrer Zuneigung zu Füßen zu legen, und nur darauf bedacht ist, wie sie am besten das Gefühl, das ihr Herz so ganz erfüllt, durch die Tat zum Ausdruck bringen kann. Da gibt es keine Einschränkung, weil es auch kein An-sich-Klammern, keine Bindung an das Selbst, keine Gedanken an Erwiderung gibt, und gerade deshalb entsteht ein gewaltiges Ausströmen von Kraft, die kein astraler Stoff zum Ausdruck zu bringen vermöchte und die im Bereiche der Astralwelt gar nicht enthalten sein könnte. Es

Die Erfahrungsberichte

bedarf des feineren Stoffes und der größeren Ausdehnung der mentalen Welt. Genauso wie es eine religiöse Hingebung gibt, die vor allem daran denkt, was sie für ihre Gebete wohl erhalten wird, und ihre Anbetung zu einer Art Geschäft erniedrigt, so gibt es auch eine echte Hingebung, die sich vollkommen in der Betrachtung ihrer Gottheit vergisst. Wir wissen alle sehr gut, dass unserer höchsten Hingebung etwas beigemischt ist, das noch niemals befriedigt wurde, dass unser bestes Streben noch nie verwirklicht wurde, dass, wenn wir wahrhaft uneigennützig lieben, unser Gefühl über jeder Ausdrucksmöglichkeit auf dieser physischen Ebene steht, dass das tiefe Empfinden, das in unserem Herzen durch die edelste Musik oder die vollkommenste Kunst ausgelöst wird, Höhen und Tiefen erreicht, die dieser armseligen Erde unbekannt sind.

Und doch ist all dies eine wunderbare, gewaltige Kraft, die außerhalb unserer Berechnung steht und die irgendwo und irgendwie ihre Wirkung hervorbringen muss; denn das Gesetz von der Erhaltung der Kraft gilt auf den höheren Ebenen des Denkens und Strebens genauso sicher wie in der gewöhnlichen Mechanik. Aber wie und wann kann diese Kraft ihre unvermeidliche Wirkung hervorbringen, wenn sie doch auf den zurückfallen muss, der sie in Bewegung setzte, und wenn sie sich doch nicht auf der physischen Ebene auswirken kann, wegen deren Begrenzung und deren verhältnismäßig dichter Materie? Sie wartet einfach, bis der Mensch ihre Ebene erreicht; sie bleibt aufgespeicherte Energie, bis ihre Stunde da ist. Solange das Bewusstsein des Menschen auf die physische und die astrale Ebene gerichtet ist, kann sie sich nicht auf ihn auswirken; sobald er sich aber vollständig auf die mentale begibt, ist sie für ihn bereit. Ihre Schleusen öffnen sich und ihr Wirken beginnt. So herrscht vollkommene Gerechtigkeit und nichts geht jemals verloren, selbst wenn es uns in dieser niederen Welt vorkommt, als habe etwas seinen Zweck verfehlt und sei zunichte geworden.

Viele Wohnsitze

Als Grundlage für die Auffassung von den „vielen Wohnungen" dient das Verständnis für die Art, wie der Mensch sich seinen eigenen Himmel schafft. Auf der Ebene des göttlichen Denkens ist, wie wir bereits erwähnt haben, alle nur denkbare Schönheit und Pracht vorhanden; aber der Mensch kann sie nur durch jene Fenster sehen, die er selbst gemacht hat. Jedes seiner Gedankengebilde ist ein solches Fenster, durch das die draußen waltenden Kräfte wirken können. Hat er sich während seines irdischen Lebens hauptsächlich weltlichen Dingen zugewandt, so hat er sich nur wenige Fenster geschaffen, durch die diese höhere Pracht auf ihn einwirken kann. Jeder Mensch wird wohl eine Anwandlung reinen, selbstlosen Gefühls gehabt haben, und wäre es nur einmal in seinem ganzen Leben gewesen, und dies wird jetzt ein Fenster für ihn. Jeder Mensch, der Wilde auf einer ganz frühen Stufe ausgenommen, wird sicher etwas von dieser wunderbaren Zeit der Seligkeit erleben. Statt dass man sagt, wie die Orthodoxie es tut, manche Menschen kommen in den Himmel und manche in die Hölle, wäre es viel richtiger zu sagen, dass alle Menschen ihren bestimmten Anteil an beiden haben werden, wenn wir das niedrigste Astralleben mit einem so schrecklichen Namen wie „Hölle" bezeichnen wollen, und dass nur die entsprechenden Verhältnisse verschieden sind. Man darf nicht übersehen, dass sich die Seele des Durchschnittsmenschen noch auf einer Anfangsstufe ihrer Entwicklung befindet. Sie hat gelernt, ihren physischen Körper verhältnismäßig leicht zu benützen, und sie kann auch in ihrem Astralkörper einigermaßen frei wirken, obschon sie die Erinnerung an dessen frühere Tätigkeit dem physischen Gehirn selten durchgeben kann; aber ihr Mentalkörper ist in Wirklichkeit überhaupt noch kein Körper, da sie ihn nicht zu benützen vermag, wie dies bei den niedereren Körpern der Fall ist; sie kann sich weder darin

Die Erfahrungsberichte

fortbewegen noch dessen Sinne für den Empfang von Informationen auf normale Weise gebrauchen.
Wir dürfen deshalb nicht glauben, die Seele sei in diesem Körper in lebhafter Tätigkeit begriffen oder könne sich frei bewegen, wie sie dies auf der Astralebene tat. Sie befindet sich hier vor allem in einem aufnahmefähigen Zustand und ihre Verbindung mit der Außenwelt geht nur durch ihre eigenen Fenster vor sich und ist infolgedessen äußerst begrenzt. Der Mensch, der sich dort in vollem Umfang betätigen kann, ist schon fast ein Übermensch; denn er muss ein verklärter Geist, ein großes, hoch entwickeltes Wesen sein. Dieser würde dort sein volles Bewusstsein haben und würde seinen Mentalkörper so ungehindert gebrauchen, wie der Durchschnittsmensch seinen physischen Körper benützt, und dadurch lägen die ungeheuren Gebiete höherer Erkenntnis offen vor ihm da.
Aber wir denken vorerst an einen Menschen, der noch nicht so entwickelt ist, an einen, der seine Fenster hat und nur durch diese sieht. Um seinen Himmel verstehen zu können, müssen wir zwei Punkte ins Auge fassen: sein Verhältnis zu der Himmelswelt selbst und dasjenige zu seinen Freunden. Die Frage nach seinem Verhältnis zu seiner Umgebung in der Gedankenwelt muss in zwei Teile zerlegt werden; denn wir haben zuerst an den durch seine Gedanken geformten Stoff der Ebene zu denken und dann an die Kräfte der Ebene, die durch seine Aspirationen wachgerufen werden.
Ich habe erwähnt, wie sich der Mensch mit Gedankengebilden umgibt. Wir sind hier auf dieser Ebene im eigentlichen Heim der Gedanken, und so sind die Gedankenformen besonders wichtig in Verbindung mit den erwähnten beiden Punkten. Lebende Kräfte umgeben den Menschen, mächtige engelgleiche Bewohner der Ebene, und viele von ihnen sind für gewisse Aspirationen des Menschen sehr empfänglich und reagieren willig darauf. Seine Gedanken und Aspirationen bewegen sich aber natür-

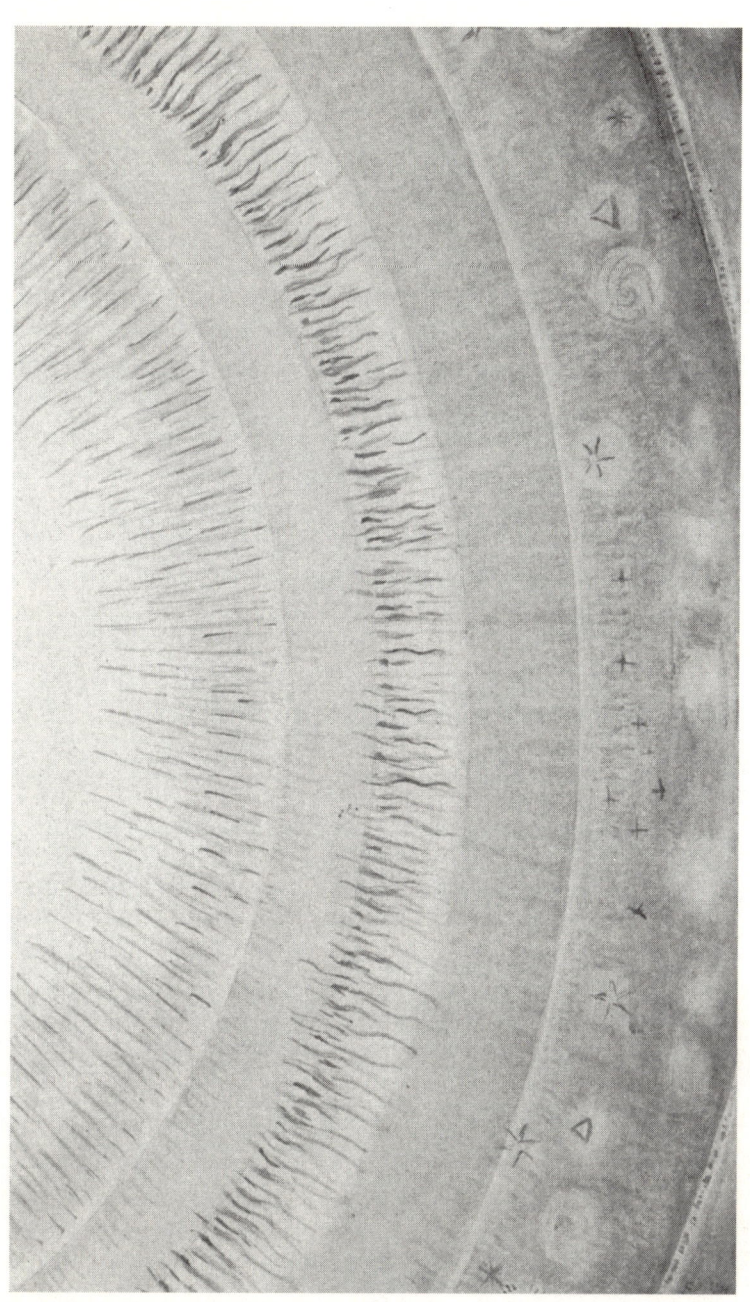

Kausale Himmelswelt

Die Erfahrungsberichte

licherweise in der Richtung, die er während des Erdenlebens vorbereitet hat. Man möchte annehmen, dass der Mensch beim Übertritt auf eine Ebene von solch erhabener Kraft und Lebendigkeit zu ganz neuen Tätigkeiten auf bis dahin ungewohnten Gebieten angeregt werden könnte. Dies ist aber nicht möglich. Sein Gedankenkörper ist keineswegs im selben Zustand und so vollständig von ihm beherrscht wie die niedrigeren Körper. Durch viele vergangene Leben hindurch war sein Mentalkörper gewöhnt, seine Eindrücke und Antriebe zur Tätigkeit von unten, von den niedrigeren Körpern, hauptsächlich vom physischen und manchmal auch vom astralen zu empfangen. Er tat sehr wenig, um direkt auf der eigenen Ebene Gedankenschwingungen zu erhalten, und er kann nun nicht plötzlich anfangen, sie aufzunehmen und darauf zu reagieren.

Der Mensch führt also keine neuen Gedanken ein, sondern die, die er bereits besitzt, bilden die Fenster, durch die er auf seine neue Welt hinaussieht.
Diese Fenster können sich auf zweierlei Weise voneinander unterscheiden – durch die Richtung, nach welcher sie geöffnet sind, und durch die Art des Glases, aus dem sie bestehen. Es gibt sehr viele Richtungen, die der höhere Gedanke einschlagen kann. Verschiedene, wie Zuneigung und Hingabe, sind im Allgemeinen von so persönlichem Charakter, dass es vielleicht besser ist, sie in Verbindung mit dem Verhältnis des Menschen zu anderen Leuten zu betrachten. Deshalb wollen wir lieber zuerst ein Beispiel wählen, bei dem dieses Element nicht vorkommt – bei dem wir uns nur mit dem Einfluss seiner Umgebung zu beschäftigen haben. Wir wollen annehmen, dass eines seiner Himmelsfenster die Musik sei. Das ist eine gewaltige Kraft. Man weiß, wie sehr diese Kunst einen Menschen erheben, ihn vorübergehend zu einem neuen Menschen in einer neuen Welt machen kann. Wenn Sie ihre Wirkung je erfahren haben, dann

werden Sie sich bewusst sein, dass wir es mit einer ungeheuren Kraft zu tun haben. Der Mensch, der nicht von Musik beseelt ist, besitzt auch kein Fenster, das sich nach dieser Richtung hin öffnen könnte. Jener aber, der ein solches Fenster hat, kann durch dieses drei vollständig verschiedene Arten von Eindrücken erhalten, die jedoch alle durch die Art des Glases seines Fensters modifiziert werden. Es ist klar, dass dieses Glas eine große Beschränkung für seinen Ausblick darstellen mag. Es kann farbig sein und deshalb nur gewisse Lichtstrahlen durchlassen, oder es kann aus schlechtem Material bestehen und infolgedessen alle hineindringenden Strahlen verzerren und verdunkeln. Ein Mensch vermochte zum Beispiel während seines Erdenlebens nur eine besondere Art von Musik zu würdigen usw. Was wird ihm nun wohl durch dieses Fenster zuströmen, falls es ein gutes ist?

Erstens wird er jene Musik empfinden, welche die geordnete Bewegung der Plankräfte zum Ausdruck bringt. Hinter der poetischen Idee der Sphärenmusik war eine bestimmte Tatsache verborgen; denn auf diesen höheren Ebenen bringen Bewegung und Handlung jeder Art wunderbare Harmonien in Klang und Farbe hervor. Alles Denken – sein eigenes wie das der anderen – kommt so durch eine liebliche und doch unbeschreibliche Folge stets wechselnder Akkorde wie aus tausend Aeolsharfen zum Ausdruck. Diese musikalische Kundgebung des leuchtend pulsierenden Himmelslebens würde für ihn einen stets gegenwärtigen und stets entzückenden Hintergrund für alle seine anderen Erfahrungen bilden.
Zweitens befindet sich unter den Bewohnern der Mentalebene eine Klasse von Wesen – Engel würden unsere christlichen Freunde sie nennen –, die sich der Musik mit besonderer Hingabe widmen und sich in weit größerem Maße als die übrigen Wesen durch sie ausdrücken. In den alten Hinduschriften

Die Erfahrungsberichte

werden sie als die Gandharvas erwähnt. Der Mensch, dessen Seele auf Musik abgestimmt ist, wird sicherlich ihre Aufmerksamkeit auf sich lenken, wird sich mit einigen von ihnen in Verbindung setzen und dann mit stetig zunehmendem Genuss alle die neuen wundervollen Kombinationen lernen, die von ihnen angewendet werden.

Drittens wird er ein begeisterter Zuhörer der Musik sein, die seine Mitmenschen in der Himmelswelt machen. Man bedenke, wie viele große Komponisten ihm vorangegangen sind: Bach, Beethoven, Mendelssohn, Händel, Mozart, Rossini – sie alle sind dort nicht tot, sondern voll pulsierenden Lebens, fortwährend weit grandiosere Weisen, weit herrlichere Melodien ausströmend, als sie jemals auf Erden vermochten. Jedes dieser Wesen ist in der Tat eine Quelle wunderbarer Melodien und viele Inspirationen unserer irdischen Komponisten sind in Wirklichkeit nur ein schwaches, fernes Echo des Wohlklanges ihrer Weisen. Viel, viel mehr als das, was wir vom Genie dieser niederen Welt erkennen, ist nur ein Abglanz der ungehinderten Kräfte jener, die uns vorangegangen sind. Öfter als wir glauben kann der empfängliche Mensch hier einen Gedanken von ihnen auffangen und ihn in dieser niederen Welt weitergeben, soweit dies möglich ist. Große Meister der Musik haben uns erzählt, dass sie manchmal ein ganzes großes Oratorium, einen prächtigen Marsch oder einen feinen Chor in einem einzigen Klang hören und dass die Inspiration auf diese Weise über sie kommt, obschon beim Niederschreiben der Noten dann viele Seiten nötig sein mögen, um sie auszudrücken. Dies zeigt genau, auf welche Art die himmlische Musik sich von dem unterscheidet, was uns hier bekannt ist. Ein einziger mächtiger Akkord offenbart dort mehr als das, was wir hier in stundenlanger Wiedergabe viel weniger deutlich ausdrücken können.

Sehr ähnliche Erfahrungen würde auch der Mensch machen, dessen Fenster die Kunst ist. Auch er würde dieselben drei

Möglichkeiten der Wonne haben; denn die Beschaffenheit der Ebene gestattet, dass sie sich sowohl durch Farbe als auch durch Töne kundgibt, und allen, die Theosophie studieren, ist bekannt, dass die Devas eine Farbensprache führen – Devas einer Klasse von Geistern, deren Verständigung untereinander durch Aussenden von Farbenblitzen geschieht. Auch hier wiederum arbeiten die großen Künstler des Mittelalters immer noch – nicht mit Pinsel und Leinwand, sondern mit der weit leichteren und ungemein befriedigenderen Methode, durch die Kraft der Gedanken aus Mentalstoff Formen zu bilden. Jeder Künstler weiß, wie sehr der bestgelungene Ausdruck auf Papier oder Leinwand hinter der Vorstellung in seinem Kopf zurückbleibt; aber hier wird das Denken zur Wirklichkeit und Enttäuschung ist unmöglich. Dasselbe gilt für alle Gedankenrichtungen, sodass wirklich eine Fülle von Genuss und Belehrung vorhanden ist, die weit über das hinausreicht, was unser begrenzter Verstand zu fassen vermag.

Unsere Freunde im Himmel

Lassen Sie uns nun auf den zweiten Teil unseres Gegenstandes eingehen, nämlich auf die Beziehungen des Menschen zu deren, die er liebt oder denen gegenüber er Hingabe oder Verehrung empfindet. Immer und immer wieder werden wir gefragt, ob die Menschen in jenem besseren Leben ihre Lieben treffen und erkennen werden oder ob sie in all der unvorstellbaren Pracht vergebens nach jenen vertrauten Gesichtern ausschauen werden, ohne die ihnen alles eitel erscheinen würde. Die Antwort auf diese Frage ist glücklicherweise klar und unbedingt. Die Freunde werden ohne Zweifel dort sein, und zwar weit vollkommener, weit wirklicher als je, da sie noch bei uns waren.

Die Erfahrungsberichte

Dann wieder fragen uns die Leute oft: „Wie steht es mit unseren Freunden, die bereits das Himmelsleben genießen? Können sie uns hier unten sehen? Beobachten sie und erwarten sie uns?" Kaum; denn bei beiden Theorien würden sich Schwierigkeiten ergeben. Wie könnte der Tote glücklich sein, wenn er zurückschaute und seine Lieben in Kummer oder Leiden, oder, was viel schlimmer wäre, beim Begehen von Sünde sähe? Und wenn wir die Alternative annehmen, dass er seine Lieben nicht sieht, aber auf sie wartet, ist die Sache kaum besser. Denn in diesem Falle würde der Mensch eine lange und lästige Wartezeit, eine Zeit des Hangens und Bangens durchmachen, die sich oft über viele Jahre erstreckt, während der Freund in vielen Fällen so verändert ankäme, dass er ihm nicht mehr sympathisch wäre. In dem uns von der Natur so weise bereiteten System werden alle diese Schwierigkeiten vermieden. Jene Wesen, die der Mensch am meisten liebt, hat er immer um sich, und zwar immer in ihrem edelsten und besten Wesen, und kein Schatten, kein Missklang kann zwischen sie und ihn treten, da er die ganze Zeit hindurch genau das von ihnen bekommt, was er wünscht. Die Einrichtung ist unendlich viel besser als irgendetwas, das uns die menschliche Einbildungskraft an dessen Stelle geben konnte – wie wir hätten erwarten können; denn alle jene Spekulationen waren die Vorstellungen des Menschen von dem, was am besten ist, aber die Wahrheit ist Gottes Sache. Lassen Sie mich versuchen, dies zu erklären.
Wenn immer wir jemanden recht innig lieben, so formen wir ein klares mentales Bild von ihm, und er ist oft gegenwärtig in unserem Geiste. Es ist unvermeidlich, dass wir sein mentales Bild in die Himmelswelt mitnehmen, weil es natürlicherweise jener Stoffwelt angehört. Aber die Liebe, die ein solches Bild formt und erhält, ist eine gewaltige Kraft – eine Kraft, die stark genug ist, die Seele des betreffenden Freundes zu erreichen und auf sie einzuwirken. Diese Seele aber ist der wahre Mensch,

den wir lieben. Sie reagiert sofort sehr stark und ergießt sich in die Gedankenformen, die wir für sie gemacht haben, und so kommt es, dass sich unser Freund wirklich bei uns befindet, und zwar lebendiger als je zuvor. Bedenken Sie, dass wir die Seele und nicht den Körper lieben; die Seele ist es, die wir dort bei uns haben. Man mag sagen: „Ja, das könnte so sein, wenn der Freund auch tot wäre; aber wenn er noch am Leben ist, was dann? Er kann nicht zugleich an zwei Orten sein." Was dies anbelangt, so kann er tatsächlich zugleich an zwei, sogar oft an mehr als zwei Orten sein. Ob er tot oder lebendig ist – wie wir gewöhnlich sagen –, macht nicht den geringsten Unterschied. Versuchen wir zu verstehen, was eine Seele wirklich ist, und wir werden besser einsehen, wie dies möglich ist!

Die Seele gehört einer höheren Ebene an und ist etwas viel Größeres und Erhabeneres, als dies irgendwelche Manifestation davon sein kann. Ihr Verhältnis zu ihrer Manifestation ist dasjenige einer Dimension zu einer anderen – das einer Linie zu einem Quadrat oder das eines Quadrates zu einem Würfel. Keine noch so große Anzahl Quadrate könnte jemals einen Würfel ergeben, weil das Quadrat nur zwei Dimensionen, der Würfel aber drei hat. So kann keine noch so große Zahl von Ausdrucksformen der Seele auf irgendeiner niederen Ebene deren Fülle erschöpfen, da sie überhaupt auf einem höheren Niveau steht. Sie lässt einen kleinen Teil von sich in einen physischen Körper eintreten, um Erfahrungen zu machen, die nur auf dieser Ebene gewonnen werden können. Sie kann jeweils nur einen solchen Körper auf einmal bewohnen; denn das ist Gesetz. Aber wenn sie auch tausend annehmen könnte, genügten sie nicht, um das auszudrücken, was die Seele wirklich ist. Sie kann nur einen physischen Körper haben; aber wenn sie bei einem Freunde eine solche Liebe erweckt, dass dieser beständig ein deutliches Mentalbild desselben im Geiste gegenwärtig hat, dann ist er fähig, auf diese Liebe zu reagieren, indem er sein eigenes Leben in jene Gedankenform ergießt und sie so belebt, dass sie ein wirklicher Ausdruck jener Seele auf jener Ebene wird, die zwei Ebenen über der physischen liegt, und deshalb ist es ihr so viel besser möglich, ihre guten Eigenschaften zum Ausdruck zu bringen.

Wenn es noch schwer fallen sollte, sich vorzustellen, wie das Bewusstsein des Menschen gleichzeitig in dieser wie in jener Manifestation tätig sein kann, so wollen wir dies an einer gewöhnlichen physischen Erscheinung erklären. Jeder von uns ist sich bewusst, dass er gleichzeitig mehrere physische Kontakte haben kann, wenn er auf einem Stuhle sitzt. Man berührt den Sitz des Stuhles, die Füße ruhen auf dem Boden, die Hände umfassen die Stuhllehnen oder halten vielleicht ein Buch, und trotzdem hatte das Gehirn keine Schwierigkeit, sich aller dieser Kontakte gleichzeitig bewusst zu werden. Warum sollte es also für die Seele, die doch viel erhabener ist als das physische Bewusstsein, schwieriger sein, gleichzeitig in mehr als einer dieser Manifestationen auf weit unter ihr liegenden Ebenen bewusst zu sein? Es ist wirklich derselbe eine Mensch, der alle diese verschiedenen Kontakte verspürt, alle diese verschiedenen Gedankenformen erfüllt und in allen wirklich, lebendig und liebevoll ist. Dort zeigt er sich von seiner besten Seite; denn dort ist er eine weit vollendetere Erscheinung, als sie die physische Ebene je wieder geben könnte, selbst wenn die günstigsten Umstände vorhanden wären.

Man mag fragen, ob dies die Entwicklung des Freundes irgendwie beeinflusst. Das ist sicher so; denn es bietet ihm eine weitere Gelegenheit, sich zu manifestieren. Besitzt er einen physischen Körper, lernt er durch denselben schon physische Lektionen; aber dies ermöglicht ihm gleichzeitig, die Fähigkeit der Zuneigung viel rascher auf der Mentalebene durch die Form zu entwickeln, die Sie ihm gegeben haben. So bewirkt Ihre Liebe zu ihm Großes für ihn. Wie wir bereits gesagt haben, kann sich

Unsere Freunde im Himmel

die Seele in vielen Gedankenformen manifestieren, wenn sie das Glück hat, dass sie für sie gemacht werden. Jemand, der von vielen Leuten sehr geliebt wird, vermag gleichzeitig in vielen Himmeln zu verweilen, und so kann er sich viel rascher entwickeln. Aber diese große zusätzliche Gelegenheit ist die direkte Folge und Belohnung für jene liebenswerten Eigenschaften, die ihm die liebevolle Achtung so vieler seiner Mitmenschen zuzogen. So empfängt er nicht nur Liebe von diesen allen, sondern er nimmt dadurch selbst an Liebesfähigkeit zu, ob diese Freunde lebendig oder tot sind.

Wir müssen jedoch bemerken, dass es möglicherweise zwei Einschränkungen für die Vervollkommnung dieses Verkehrs gibt. Erstens kann das von Ihnen gemachte Bild Ihres Freundes ein teilweises und unvollkommenes sein, sodass viele seiner höheren Eigenschaften nicht wiedergegeben sind und sich deshalb nicht durch dieses Bild hindurch offenbaren können. Zweitens kann es auch Schwierigkeiten seitens Ihres Freundes geben. Sie haben sich vielleicht eine etwas ungenaue Vorstellung von ihm gemacht.

Wenn Ihr Freund noch keine hoch entwickelte Seele ist, ist es möglich, dass Sie ihn sogar irgendwie überschätzt haben, und in diesem Falle könnte sich in Ihrem Gedankenbilde ein Aspekt befinden, dem er nicht vollständig zu entsprechen vermag. Dies ist jedoch unwahrscheinlich und könnte nur vorkommen, wenn eine ganz unwürdige Person unvernünftigerweise vergöttert worden wäre. Selbst dann würde der Mensch, der das Bild machte, weder Veränderung noch Mangel an seinem Freunde finden; denn dieser ist zumindest jetzt eher im Stande, seinem Ideal zu entsprechen, als dies je während seines physischen Lebens möglich war. Da er unentwickelt ist, kann er nicht vollkommen sein; aber er ist sicherlich besser als je zuvor; somit ist die Freude des Himmelsbewohners ungetrübt. Ihr Freund kann hunderte von Bildern mit den Eigenschaften ausfüllen, die

Die Erfahrungsberichte

er besitzt; aber wenn eine Eigenschaft in ihm noch unentwickelt ist, entfaltet er sie nun nicht plötzlich, nur weil Sie annahmen, er habe sie schon. Hierin liegt der enorme Vorteil für die, die nur von denen Gedankenformen bilden, die sie nicht enttäuschen können – oder, da es keine Enttäuschung geben kann, sollten wir eher sagen, von denen, die im Stande sind, sich sogar über den höchsten Begriff zu erheben, den sich der niedere Verstand von ihnen machen kann. Der Theosoph, der in seinem Geist das Bild des Meisters formt, weiß, dass alle Unzulänglichkeit nur auf seiner eigenen Seite ist; denn er schöpft da aus einer solchen Liebe und Kraft, die sein Denken nie ergründen kann.

Nun kann man fragen, welche Entwicklungsmöglichkeiten die Seele während ihres Aufenthaltes in der Himmelswelt hat, wenn sie einen so großen Teil ihrer Zeit im Genießen der dortigen Freuden verbringt. Sie können in drei Kategorien eingeteilt werden, obschon es von jeder viele Abarten gibt. Erstens hat die Seele durch gewisse Eigenschaften in sich bestimmte Fenster zu dieser Himmelswelt geöffnet. Durch die fortgesetzte Übung dieser Eigenschaften während so langer Zeit stärkt sie sie bedeutend und wird in dieser Hinsicht sehr bereichert zu ihrer nächsten Inkarnation auf Erden zurückkehren. Alle Gedanken werden durch fortgesetzte Wiederholung intensiviert, und der Mensch, der tausend Jahre hauptsächlich damit verbringt, selbstlose Liebe auszuströmen, wird sicher am Ende dieser Zeit stark und tief zu lieben vermögen.

Zweitens: Wenn die Seele bestrebt ist, durch ihr Fenster mit einer der großen Klassen geistiger Wesen in Berührung zu kommen, so wird sie sicherlich durch den Verkehr mit ihnen viel gewinnen. Auf dem Gebiete der Musik werden diese alle möglichen Obertöne und Varianten benützen, die die Seele vorher nicht gekannt hat; sie sind mit tausenderlei Kunstarten vertraut, von denen sie nichts gewusst hat. Aber all diese werden sich ihr allmählich einprägen, und auch auf diese Weise wird sie jenes herrliche Himmelsleben viel reicher verlassen, als sie bei ihrem Eintritt war.

Drittens wird die Seele durch die von ihr gebildeten Gedankenformen weitere Informationen gewinnen, falls diese Wesen selbst genügend entwickelt sind, um sie belehren zu können. Es sei wiederholt, dass der Theosoph, der sich ein Gedankenbild des Meisters geformt hat, ganz bestimmte Belehrung und Hilfe von ihm erhalten wird, und dies ist in geringerem Maße bei weniger entwickelten Menschen möglich.

Auf all dies folgt das Leben der Seele oder des Egos im eigenen Kausalkörper – dem Körper, den sie von Leben zu Leben mit sich trägt, und der sich nicht ändert, ausgenommen durch seine allmähliche Entwicklung. Auch das herrliche Himmelsleben nimmt ein Ende, und dann wird auch der Mentalkörper abgelegt, wie dies mit den anderen Körpern der Fall war, und das Leben im Kausalkörper beginnt. Hier braucht die Seele keine Fenster; denn dies ist ihre wahre Heimat, und hier sind alle Wände abgeschafft. Die Großzahl der Menschen hat auf einer solchen Höhe, wie es diese ist, noch sehr wenig Bewusstsein: sie ruhen, träumerisch dahindämmernd und kaum wach; aber ihre Visionen sind wirklich, wie begrenzt sie durch den Mangel an Entwicklung auch sein mögen. Diese Begrenzungen werden jedoch bei jeder Wiederkehr kleiner sein; sie selbst aber werden wachsen, sodass dieses wahrste Leben umfassender und vollkommener für sie sein wird. Mit dem Fortschreiten der Vervollkommnung wird das Kausalleben auch länger und länger dauern und nimmt im Vergleich zum Dasein auf niedrigeren Stufen eine stets größere Ausdehnung an. Indem sich der Mensch entwickelt, lernt er nicht nur zu empfangen, sondern auch zu geben. Dann nähert er sich tatsächlich seinem Siege; denn er lernt die Lektionen Christi, lernt die krönende Glorie des Opfers kennen, die höchste Wonne, die darin besteht, sein

Leben der Hilfe für seine Mitmenschen zu opfern, das eigene Selbst für die Allgemeinheit einzusetzen; er weiß von himmlischer Kraft im menschlichen Dienste, von all den wunderbaren Kräften zur Hilfe der im Lebenskampf stehenden Erdensöhne. Das ist ein Teil des Lebens, das vor uns liegt; das sind einige der Schritte, die selbst wir, die wir noch am Fuße der goldenen Leiter stehen, vor uns sehen können, damit wir denen davon berichten können, die sie noch nicht gesehen haben. So können auch Sie Ihre Augen der unvorstellbaren Herrlichkeit öffnen, die Sie schon im alltäglichen eintönigen Leben umgibt. Dies ist ein Teil des Evangeliums, das Ihnen die Theosophie bringt – die Gewissheit dieser erhabenen Zukunft für alle. Sie ist schon hier, wir brauchen uns ihr nur anzupassen, um sie als Erbe zu übernehmen.

Schutzengel

Meiner Ansicht nach ist einer der schönsten Punkte unserer theosophischen Lehre der, dass sie einem Menschen die nützlichsten und hilfreichsten Glaubenslehren der Religionen, denen er entwachsen ist, wieder zurückgibt. Viele Leute erinnern sich mit einem gewissen Bedauern einiger Vorstellungen ihrer geistigen Kindheit, obschon sie fühlen, dass sie vieles nicht annehmen können, was sie damals als selbstverständlich betrachteten. Sie sind aus der Dämmerung in volleres Licht getreten und sind dankbar für diese Tatsache. Sie könnten, selbst wenn sie es wollten, nicht mehr zu ihren früheren Ansichten zurückkehren; doch waren einige der Träume im Zwielicht recht lieblich, und im Vergleich zu dessen sanfterem Schimmer erscheint das vollere Licht manchmal ein wenig grell. Hier kommt ihnen die Theosophie zu Hilfe und zeigt ihnen, dass alle Herr-

Schutzengel

lichkeit, Schönheit und Poesie, von denen sie in der Dämmerung nur einen schwachen Schein erhaschten, als lebendige Wirklichkeit existieren und dass deren Pracht in der Mittagsglut nur noch lebendiger hervortreten wird, statt zu verblassen. Aber unsere Lehre gibt ihnen deren Poesie auf einer ganz neuen Grundlage wieder – einer Grundlage wissenschaftlicher Tatsachen statt unzuverlässiger Überlieferung. Ein sehr gutes Beispiel solchen Glaubens bietet das Kapitel „Schutzengel". Es gibt viele hübsche Überlieferungen von geistigen Beschützern und vom Eingreifen durch Engel, an die wir alle sehr gern glauben möchten, wenn wir nur eine vernünftige Grundlage dafür finden könnten. Ich hoffe, Ihnen erklären zu können, dass mir dies in weitgehendem Maße möglich ist.

Der Glaube an ein derartiges Eingreifen ist sehr alt. Unter den ältesten indischen Legenden finden sich Berichte über das gelegentliche Erscheinen niederer Gottheiten in kritischen Augenblicken des menschlichen Lebens. Die griechischen Epen sind voll solcher Erzählungen, und selbst in der römischen Geschichte lesen wir, wie die himmlischen Zwillinge, Castor und Pollux, die Armeen der jungen Republik zur Schlacht am See Regillus führten. Aus dem Mittelalter wird berichtet, dass der heilige Jakobus die Truppen zum Siege geführt habe, und es gibt viele Erzählungen von Engeln, die über frommen Wanderern wachten oder im rechten Augenblick eingriffen, um sie vor Unglück zu bewahren. „Nur ein volkstümlicher Aberglaube", wird derjenige sagen, der sich darüber erhaben fühlt. Es kann sein; aber wo immer wir einem weit verbreiteten, sich hartnäckig erhaltenden volkstümlichen Aberglauben begegnen, finden wir fast immer irgendeinen Wahrheitskern dahinter – oft verzerrt und übertrieben, aber doch eine Wahrheit. Und dies ist ein solcher Fall.

Die meisten Religionen erzählen den Menschen von Schutzengeln, die ihnen in Zeiten der Not und des Kummers beistehen,

Die Erfahrungsberichte

und das Christentum macht keine Ausnahme von dieser Regel. In der Theosophie glauben wir an eine vollkommene göttliche Gerechtigkeit, und deshalb anerkennen wir, dass es kein Eingreifen geben kann, es sei denn, dass die betreffende Person solche Hilfe verdient hat. Selbst dann würde sie ihr nur durch Vermittlung zukommen, aber niemals durch direktes göttliches Eingreifen. Wir wissen durch unser Studium und viele von uns durch eigene Erfahrung, dass viele Zwischenstufen zwischen dem Menschlichen und dem Göttlichen bestehen. Der alte Glaube an Engel und Erzengel wird durch die Tatsachen gerechtfertigt; denn genauso wie es verschiedene Reiche unter der Menschheit gibt, so gibt es auch solche, die in der Entwicklung über ihr stehen. Über uns befindet sich zunächst das große Reich der Devas oder Engel, die ungefähr dieselbe Stellung uns gegenüber einnehmen wie wir dem Tierreich gegenüber. Über den Devas liegt eine Entwicklungsstufe, deren Angehörige Dhyan Chohans oder Erzengel genannt werden (obschon die Namen eigentlich nebensächlich sind). Und so geht es weiter und aufwärts bis zu den Füßen der Gottheit selbst. Von Gott bis zu dem Staube unter unseren Füßen ist alles ein abgestuftes Leben – eine lange Leiter, auf der die Menschheit nur eine der vielen Sprossen einnimmt. Es gibt viele Bereiche über und unter uns und ein jeder ist belebt. Es wäre töricht, wenn wir annähmen, dass wir die höchstmögliche Entwicklungsform – die vollendetste Leistung der Schöpfung darstellten. Wenn gelegentlich unter uns Menschen auftreten, die viel weiter entwickelt sind als wir, wird uns unsere nächste Entwicklungsstufe vor Augen geführt, und sie sind uns ein Vorbild, dem wir nacheifern sollen. Männer wie Buddha und Christus, und viele andere weniger hohe Lehrer, sind für uns ein großartiges Ideal, auf das wir hinarbeiten sollen, mögen wir auch im jetzigen Augenblick noch so weit davon entfernt sein.
Sollen wir, falls gelegentlich besondere Eingriffe in menschliche

Angelegenheiten vorkommen, die Engel als die wahrscheinlichen Vermittler dabei ansehen? Manchmal vielleicht, aber sehr selten; denn diese hohen Wesen haben ihre eigene Arbeit zu verrichten, die mit ihrer Stellung im mächtigen Weltenplane zusammenhängt, und sie nehmen wohl kaum Notiz von uns und greifen auch nicht in unsere Angelegenheiten ein. Der Mensch ist unbewusst so außerordentlich eingebildet, dass er meint, alle großen Mächte des Universums müssten ihn bewachen und zu seiner Hilfe bereit sein, wann immer er durch seine eigene Torheit oder seine Unwissenheit leidet. Dabei vergisst er aber ganz, dass er doch auch nicht für die Reiche unter sich als segensreiche Vorsehung wirkt oder dass er bereit ist, die wild lebenden Tiere zu betreuen oder ihnen zu helfen. Manchmal spielt er ihnen gegenüber die Rolle eines orthodoxen Teufels und bringt Qualen und mutwillige Zerstörung in ihr unschuldiges und harmloses Dasein, nur um seine eigene verachtenswerte Lust an Grausamkeit zu befriedigen, die er „Sport" zu nennen beliebt. Oft hält er Tiere in Gefangenschaft und kümmert sich auch in gewissem Maße um sie; aber dies geschieht nur, damit sie für ihn arbeiten – aber nicht, damit er ihre innere Entwicklung fördern könne. Wie kann er also von den Wesen über ihm erwarten, dass sie über ihm wachen, wenn er doch selbst so weit davon entfernt ist, dies denen gegenüber zu tun, die unter ihm stehen? Es ist leicht möglich, dass sich die Engel um ihre eigenen Angelegenheiten bekümmern und von uns nicht mehr Notiz nehmen als wir von den Spatzen auf den Bäumen. Ab und zu mag es ja vorkommen, dass ein Engel irgendeine menschliche Sorge oder Schwierigkeit bemerkt, die sein Mitleid erregt. Dann mag er versuchen, uns zu helfen, genauso wie wir versuchen würden, einem Tier in Not beizustehen; aber sicherlich würde seine tiefere Einsicht die Tatsache erkennen, dass beim jetzigen Entwicklungsstadium ein solches Eingreifen in den meisten Fällen viel mehr Schaden als Nutzen stiften

Die Erfahrungsberichte

würde. In der fernen Vergangenheit standen diese übermenschlichen Wesen dem Menschen oft bei, weil es damals unter der jungen Menschheit noch niemanden gab, der sie als Lehrer hätte leiten können; aber nun, da wir herangewachsen sind, sollten wir so weit sein, dass wir aus unseren eigenen Reihen Führer und Helfer hervorbringen können.

Es gibt noch ein anderes Naturreich, das wenig bekannt ist – das der Naturgeister und Feen. Auch hier hat die volkstümliche Überlieferung Spuren von der Existenz einer Art Wesen erhalten, die der Wissenschaft unbekannt sind. Man hat sie mit vielen Namen bezeichnet – Zwerge, Gnome, Kobolde, Heinzelmännchen, Sylphen, Undinen, gute Geister usw., und es gibt wenig Länder, in deren Volksüberlieferungen sie keine Rolle spielen. Es sind Wesen, die entweder einen Astral- oder einen Ätherkörper besitzen, und deshalb werden sie für den Menschen nur selten und unter besonderen Umständen sichtbar. Sie meiden gewöhnlich dessen Umgebung; denn sie hassen seine wilden Ausbrüche von Leidenschaften und Trieben, und sie werden darum im Allgemeinen nur an einsamen Orten von Bergbewohnern oder Hirten gesehen, die abseits des geschäftigen Menschengewühls arbeiten. Es ist zuweilen vorgekommen, dass eines dieser Wesen einem Menschen anhänglich wurde und sich seinem Dienste hingab, wie Erzählungen aus dem schottischen Hochlande berichten. In der Regel ist aber intelligenter Beistand von Wesen dieser Klasse kaum zu erwarten.

Dann gibt es noch die großen Adepten, die Meister der Weisheit, Menschen wie wir, aber doch so viel höher entwickelt, dass sie uns wie Götter der Macht, der Weisheit und des Mitleids erscheinen. Ihr ganzes Leben ist der Förderung der Entwicklung gewidmet. Ist es deshalb wahrscheinlich, dass sie sich manchmal in menschliche Angelegenheiten einmischen? Möglicherweise gelegentlich, aber nur sehr selten, da sie andere und viel wichtigere Aufgaben zu erfüllen haben. Unwissende Menschen haben manchmal vorgeschlagen, die Adepten sollten in unsere großen Städte kommen und den Armen helfen. Ich sage „unwissende"; denn nur außerordentlich unwissende und unglaublich anmaßende Leute wagen es, die Handlungen jener zu kritisieren, die so unendlich viel weiser und erhabener sind als sie. Der vernünftige und bescheidene Mensch sieht ein, dass sie für alles, was sie tun, ihre Gründe haben müssen, und dass es der Gipfel der Torheit und der Undankbarkeit wäre, sie zu tadeln. Sie haben ihre eigene Aufgabe in viel höheren, uns unerreichbaren Sphären. Sie wirken direkt auf die Seelen der Menschen ein und scheinen auf sie wie das Sonnenlicht auf die Blumen, ziehen sie vorwärts und aufwärts und erfüllen sie mit Kraft und Leben. Das ist eine weit großartigere Arbeit als das Heilen, Pflegen oder Ernähren ihres Körpers, so gut das auch zu seiner Zeit sein mag. Würde man die Meister zu Arbeiten auf der physischen Ebene verwenden, so wäre das eine unendlich viel größere Kraftverschwendung, als wenn man unsere hervorragendsten Gelehrten veranlassen wollte, auf der Straße Steine zu klopfen, mit der Begründung, dass dies eine physische Arbeit zum Wohle aller sei, während wissenschaftliche Arbeit den Armen nicht direkt nütze. Vom Adepten wird kaum eine Einmischung in physische Angelegenheiten kommen; denn er ist mit viel nützlicherer Arbeit beschäftigt.

Unsichtbar tätige Menschen

Es gibt zwei Klassen, die helfend einzugreifen vermögen in unsere menschlichen Angelegenheiten, und in beiden Fällen sind es Menschen wie wir, die auf einer nicht sehr entfernten Entwicklungsstufe von uns stehen.

Die Erfahrungsberichte

Die erste Klasse besteht aus denen, die wir Tote nennen. Wir glauben, dass sie ferne von uns weilen, aber das ist ein Irrtum. Sie sind uns im Gegenteil sehr nahe, und wenn sie auch in ihrem neuen Leben unsere physischen Körper gewöhnlich nicht sehen können, so sind ihnen doch unsere Astralkörper sichtbar, und sie kennen daher alle unsere Gefühle. Sie wissen, wenn wir in Sorge sind und wenn wir Hilfe brauchen, und manchmal sind sie in der Lage, uns helfen zu können. Hier also haben wir eine Menge Helfer, die gelegentlich in menschliche Angelegenheiten einzugreifen vermögen, gelegentlich, jedoch nicht sehr häufig. Denn der Gestorbene zieht sich immer mehr in sich selbst zurück und verliert deshalb rasch die Fühlung mit den Dingen dieser Erde. Und die meist entwickelten und deshalb hilfsbereiten Menschen sind gerade diejenigen, die die Erde am raschesten verlassen müssen. Es gibt jedoch sicher Fälle, in denen Tote sich um menschliche Angelegenheiten gekümmert haben; solche Fälle sind vielleicht sogar zahlreicher, als wir annehmen; denn in vielen derselben besteht die Hilfe nur darin, einem noch auf der physischen Ebene lebenden Menschen einen Gedanken einzugeben, und er ist sich der Herkunft seiner glücklichen Inspiration nicht bewusst. Manchmal ist es für den Toten zweckdienlich, sich zu zeigen, und nur dann werden wir, die wir so blind sind, uns seines liebevollen Gedenkens bewusst. Zudem kann er sich nicht immer willkürlich zeigen. Es kann oft vorkommen, dass er uns zu helfen versucht, aber er kann es nicht tun, weil wir überhaupt nichts von seinem Anerbieten wissen. Es gibt jedoch solche Fälle, und einige davon finden sich in meinem Buche „Jenseits des Todes" aufgezeichnet.
Die zweite Klasse von Menschen, in der sich Helfer finden, besteht aus jenen, die schon während ihres Lebens bewusst auf der Astralebene wirken können – oder, wir sagen vielleicht besser, während sie noch ihren physischen Körper besitzen;

Unsichtbar tätige Menschen

denn die Wörter „lebend" und „tot" werden im gewöhnlichen Sprachgebrauch in Wirklichkeit lächerlich falsch angewendet. Wir sind es, die in diesen physischen Stoff verstrickt, im dunkeln und widerlichen Dunst des Erdenlebens begraben, durch den dichten Schleier für so viel Licht und Glanz um uns herum blind gemacht sind – sicher sind wir die eigentlichen Toten, nicht jene, die unter uns sind, nachdem sie die Last des Fleisches abgeworfen haben, strahlend und freudig, stark und so viel leistungsfähiger als wir.

Diejenigen, die schon während ihres Aufenthaltes in der physischen Welt gelernt haben, ihren Astral- und in einigen Fällen auch ihren Mentalkörper zu benützen, sind gewöhnlich die Schüler der oben genannten Adepten. Sie können nicht die Arbeit tun, die der Meister verrichtet; denn ihre Kräfte sind nicht entwickelt; sie können noch nicht frei auf jenen hohen Ebenen wirken, auf denen er so wunderbare Erfolge erzielt; aber sie können auf niedrigeren Ebenen etwas leisten, und sie sind dankbar, auf irgendwelche Art dienen zu können, die er für sie am besten hält, und solche Aufgaben auf sich zu nehmen, die im Bereich ihrer Kräfte stehen. So kommt es manchmal vor, dass sie menschlichen Kummer oder Leiden bemerken, die sie erleichtern können, und sie tun gern, was ihnen möglich ist. Sie können oft sowohl den Lebenden als auch den Toten helfen; aber man muss stets bedenken, dass sie unter gewissen Bedingungen wirken. Wenn einem Menschen solche Kräfte und Schulung zuteil werden, geschieht es unter Vorbehalt. Er darf sie nie zu eigennützigen Zwecken gebrauchen, sie niemals vorführen, um Neugierde zu befriedigen, sie nie benützen, um in den Angelegenheiten anderer zu schnüffeln. Er darf nie das geben, was man in spiritistischen Séancen als Test bezeichnet – das heißt, er darf nie etwas tun, das auf der physischen Ebene als Phänomen gelten könnte. Er vermöchte, wenn er es wollte, einem Toten eine Botschaft zu überbringen; aber er würde

Die Erfahrungsberichte

seine Befugnis überschreiten, wollte er dem Lebenden eine Antwort des Toten übermitteln, falls dies nicht auf spezielle Anordnung des Meisters geschähe. Diese Schar der unsichtbaren Helfer bildet also kein Detektivbüro oder eine astrale Auskunftsstelle, sondern sie erfüllt einfach und ruhig die ihr zugeteilten Aufgaben oder solche, die ihr in den Weg kommen.

Wir wollen sehen, wie es einem Menschen möglich ist, solche Arbeit zu tun und solche Hilfe zu leisten, wie wir es beschrieben haben, sodass wir verstehen lernen, wo die Grenzen dieser Macht sind, und dass wir erkennen können, wie wir selbst diese Macht bis zu einem gewissen Grade erreichen können. Wir müssen uns zunächst vor Augen halten, wie ein Mensch seinen physischen Körper während des Schlafes verlässt. Er lässt ihn zurück, damit er sich vollständig ausruht; aber der Mensch selbst, die Seele, bedarf keiner Ruhe, denn sie kennt keine Ermüdung. Nur der physische Körper wird müde. Wenn wir von geistiger Müdigkeit sprechen, ist dies in Wirklichkeit eine Wortverdrehung; denn das Gehirn ist müde, nicht aber der Geist. Der Mensch benützt also während des Schlafes einfach seinen Astralkörper an Stelle seines physischen Körpers, und nur dieser schläft, aber nicht der Mensch selbst. Wenn wir einen schlafenden Wilden mit hellseherischem Blick betrachten, so werden wir wahrscheinlich finden, dass er selbst beinahe so fest schläft wie sein Körper – dass er nur wenig Bewusstsein im Astralkörper hat, den er bewohnt. Er kann sich nicht aus der unmittelbaren Nähe des schlafenden physischen Körpers entfernen, und wollte man versuchen, ihn wegzuziehen, so würde er mit Schrecken erwachen.

Wenn wir einen zivilisierten Menschen betrachten, so bemerken wir einen großen Unterschied. In diesem Falle ist der Mensch keineswegs unbewusst in seinem Astralkörper, sondern er denkt ganz lebhaft. Trotzdem nimmt er vielleicht von

Begräbnis eines gottlosen Menschen

Die Erfahrungsberichte

seiner Umgebung nicht viel mehr Notiz als der Wilde, obschon dies nicht aus demselben Grunde geschieht. Der Wilde ist unfähig zu sehen; der zivilisierte Mensch ist so sehr in sein eigenes Denken vertieft, dass er nicht sieht, obschon er könnte. Er hat die Gewohnheit einer langen Reihe von Leben hinter sich, während welcher die astralen Fähigkeiten nicht benützt wurden; denn diese Fähigkeiten wuchsen allmählich innerhalb einer Schale, ähnlich dem Wachstum eines Hühnchens im Ei. Die Schale wird aus der großen Masse egozentrischen Denkens gebildet, in der der gewöhnliche Mensch so hoffnungslos begraben ist. Welcher Art auch die Gedanken gewesen sein mögen, die ihn während des vergangenen Tages beschäftigten, so fährt er gewöhnlich damit fort, wenn er einschläft, und auf diese Weise ist er mit einer so dicken selbstgeschaffenen Wand umgeben, dass er tatsächlich nicht weiß, was draußen vor sich geht. Gelegentlich kann ein heftiger Anstoß von außen oder ein eigener starker Wunsch in seinem Innern diesen Nebelschleier für kurze Zeit zerreißen und ihm ermöglichen, einen bestimmten Eindruck zu gewinnen; aber sogar dann schließt sich der Schleier fast sofort wieder und er träumt weiter dahin wie zuvor.

Kann er geweckt werden, werden Sie fragen. Ja, das kann auf vier verschiedene Arten geschehen. Erstens wird in der fernen Zukunft die langsame, aber sichere Evolution des Menschen den Nebelschleier unzweifelhaft auflösen. Zweitens kann der Mensch selbst, nachdem er die Tatsachen erfasst hat, durch ständige unablässige Anstrengung den Nebel von innen her vertreiben und allmählich die Trägheit überwinden, die durch lange Zeiten der Untätigkeit entstanden ist. Er kann vor dem Einschlafen den Entschluss fassen zu versuchen, beim Verlassen des Körpers aufzuwachen und etwas zu sehen. Dies ist einfach eine Beschleunigung eines natürlichen Vorganges, und es wird kein Schaden daraus entstehen, wenn der Mensch vorher

Unsichtbar tätige Menschen

seinen gesunden Menschenverstand und die moralischen Eigenschaften entwickelt hat. Wenn diese unzulänglich sind, kann es ihm schlecht gehen; denn er setzt sich einer doppelten Gefahr aus. Er kann die Kräfte missbrauchen, die er erworben hat, und er kann von Furcht übermannt werden in Gegenwart von Mächten, die er weder verstehen noch beherrschen kann. Drittens kommt es manchmal vor, dass ein Unfall oder ein ungesetzlicher Gebrauch magischer Zeremonien den Schleier derart zerreißt, dass er sich nie wieder ganz schließen kann. In einem solchen Falle kann der Mensch dem Zustand überlassen bleiben, den Frau Blavatsky in der Erzählung „Ein verhextes Leben" oder Lord Bulwer Lytton in seinem packenden Roman „Zanoni" so gut beschrieben hat. Viertens kann ein Freund, der den Menschen gründlich kennt und ihn für fähig hält, den Gefahren auf der Astralebene zu begegnen und dort gute, selbstlose Arbeit zu leisten, von außen her auf diesen Schleier einwirken und den Betreffenden allmählich für seine höheren Möglichkeiten aufrütteln. Er wird dies aber nie tun, wenn er seines Mutes und seiner Hingabe nicht ganz sicher ist, wenn er nicht bestimmt weiß, dass er die nötigen Eigenschaften für wirksame Arbeit besitzt. Wenn er in jeder Hinsicht als geeignet befunden wird, kann er aufgefordert werden, sich der Schar der Helfer anzuschließen.

Gehen wir nun über zu der Arbeit, die solche Helfer tun können. Ich habe in dem Buch „Unsichtbare Helfer" manches Beispiel dafür gegeben. Deshalb will ich jene Erzählungen hier nicht wiederholen, sondern Ihnen lieber einige Hauptideen darüber geben, was für verschiedene Arten von Arbeit gewöhnlich ausgeführt werden. Die Hilfe zerfällt natürlicherweise in mancherlei Zweige, und der größte Teil ist durchaus nicht physischer Art. Vielleicht teilen wir sie am besten ein in Hilfe für die Lebenden und Hilfe für die Toten. Eine verhältnismäßig leichte Aufgabe ist das Spenden von Trost und Erleichterung in

Die Erfahrungsberichte

Kummer und Krankheit. Diese Hilfe kann beständig geleistet werden, ohne dass jemand weiß, von wem sie stammt.

Oft bemühen sich die Helfer, Streitigkeiten zu schlichten – eine Versöhnung zwischen denen herbeizuführen, die lange Zeit infolge von Meinungsverschiedenheiten getrennt waren. Manchmal gelang es, die Menschen vor einer großen Gefahr zu warnen, in der sie schwebten, und so einen Unfall zu verhindern. Es kam vor, dass das sogar hinsichtlich rein materieller Angelegenheiten geschah, obschon gewöhnlich nur vor moralischen Gefahren gewarnt wird. Es war gelegentlich erlaubt, jemandem, der ein unmoralisches Leben führte, eine ernste Warnung zukommen zu lassen und ihn auf diese Weise zur Umkehr zu bewegen. Wenn die Helfer wissen, dass ein Freund in besonderer Not ist, werden sie versuchen, ihm darin beizustehen und ihm Kraft und Trost zu spenden.

Auch bei großen Katastrophen können diejenigen oft viel wirken, von deren Arbeit die Außenwelt nichts weiß. Es ist manchmal erlaubt, einen oder wenige Menschen zu retten, und daher kommt es, dass wir in Berichten von Massenzerstörungen hin und wieder von anscheinend ans Wunderbare grenzenden Rettungen hören. Aber dies ist nur dann der Fall, wenn sich einer unter den Gefährdeten befindet, der nicht auf diese Art sterben soll, einer, der dem göttlichen Gesetz nichts schuldet, das auf diese Weise beglichen werden kann. In der großen Mehrzahl der Fälle kann höchstens eine Anstrengung gemacht werden, den Bedrängten Kraft und Mut einzuflößen, damit sie dem Unabwendbaren begegnen können, um nachher die Seelen abzuholen, wenn sie auf der Astralebene ankommen, und sie dort zu bewillkommnen und ihnen beizustehen.

Die Hilfe für die Toten

Nun kommen wir zur Betrachtung dessen, was weitaus der größte und wichtigste Teil der Arbeit ist – die Hilfe für die Toten. Bevor wir dies verstehen können, müssen wir uns von den gewöhnlichen plumpen und irrtümlichen Ideen über den Tod und den Zustand der Toten befreien. Sie sind nicht weit weg von uns, sie sind nicht plötzlich völlig verändert, sie sind nicht zu Engeln oder Dämonen geworden. Sie sind einfach menschliche Wesen, genauso wie sie früher waren, weder besser noch schlechter, und sie sind immer noch ganz in unserer Nähe, für unsere Gefühle und Gedanken sogar noch empfänglicher als früher. Deshalb ist unbeherrschte Trauer um die Toten so falsch und auch so selbstsüchtig. Der tote Mensch fühlt jede Gemütsbewegung, die durch das Herz seiner Lieben geht, und er fühlt auch, wenn sie sich in Unverständnis dem Kummer überlassen, der eine entsprechende Depressionswolke über ihn ausbreitet und seinen Weg schwerer macht, als er zu sein brauchte, wenn seine Freunde eines Besseren belehrt worden wären.

So kann den Toten auf mancherlei Weise Hilfe geleistet werden. Vor allem bedürfen viele – ja die meisten – von ihnen der Aufklärung über die neue Welt, in der sie sich befinden. Ihre Religion hätte sie darüber aufklären sollen, was zu erwarten ist und wie sich das Leben in diesen neuen Verhältnissen gestalten wird; aber in den meisten Fällen ist nichts Derartiges geschehen. Daher kommt es, dass sich viele von ihnen in einem Zustand großen Unbehagens und andere in einem solchen wahren Schreckens befinden. Sie müssen beruhigt und getröstet werden; denn wie sie den grauenhaften Gedankenformen begegnen, die sie und ihresgleichen jahrhundertelang hervorgebracht haben –, Gedankenformen von einem persönlichen Teufel und einer zornigen, grausamen Gottheit –, sind sie oft in einem bemitleidenswerten Zustand der Furcht, der nicht nur

Die Erfahrungsberichte

äußerst unangenehm, sondern sehr ungünstig für ihre Evolution ist. Die Helfer brauchen viel Zeit, um sie in eine vernünftigere Gemütsverfassung zu bringen.

Es gibt Menschen, denen das Eintreten in ein neues Leben zum ersten Mal Gelegenheit verschafft, sich zu sehen, wie sie in Wirklichkeit sind, und manche werden deshalb von Gewissensbissen geplagt. Hier ist wiederum der Dienst des Helfers vonnöten, um zu erklären, dass das Vergangene vergangen ist und dass die einzige wirksame Reue in dem Entschluss liegt, das Geschehene nicht mehr zu tun, dass der Tote keine verlorene Seele ist, was er auch getan haben mag, sondern dass er einfach da, wo er sich befindet, beginnen muss, ein neues Leben zu führen. Manche von ihnen klammern sich leidenschaftlich an die Erde, auf die alle ihre Gedanken und Interessen gerichtet waren, und sie leiden sehr, wenn sie die Erde nach und nach aus dem Auge verlieren. Andere sind erdgebunden durch die Erinnerung an Verbrechen, die sie begangen, oder an Pflichten, die sie unerfüllt gelassen haben, während andere wiederum über den Zustand derer in Sorge sind, die sie hinterlassen haben. Das sind alles Fälle, die einer Aufklärung bedürfen, und manchmal muss der Helfer auch Schritte auf der physischen Ebene unternehmen, um die Wünsche eines Toten zu erfüllen und ihn auf diese Weise von Sorgen zu befreien, damit er sich höheren Dingen zuwenden kann. Viele Leute sehen nur die Schattenseiten des Spiritismus; aber wir dürfen nie vergessen, dass er in dieser Art von Werken ungeheuer viel Gutes geleistet hat, indem er den Toten Gelegenheit bot, nach einem plötzlichen und unerwarteten Hinscheiden ihre Angelegenheiten in Ordnung zu bringen.

Es ist sicher beglückend zu denken, dass die Zeit dringend nötiger Ruhe für den Körper nicht unbedingt eine Periode der Untätigkeit für den wahren inneren Menschen sein muss. Es gab eine Zeit, da ich die Schlafenszeit als verschwendete Stunden

Die Hilfe für die Toten

empfand; nun aber begreife ich, dass die Natur ihre Einrichtungen nicht so mangelhaft trifft, um ein Drittel des Menschenlebens zu verlieren. Natürlich werden für diese Arbeit ganz besondere Eigenschaften verlangt; aber ich habe sie so sorgfältig und ausführlich behandelt in meinem Buche „Die unsichtbaren Helfer", dass ich sie hier nur ganz kurz zu erwähnen brauche. – Erstens muss der Mensch zielbewusst und die Hilfe für andere ihm erste und höchste Pflicht sein. Zweitens muss er vollkommene Selbstbeherrschung besitzen – sein Temperament und seine Nerven in der Gewalt haben. Er darf nie zulassen, dass seine Gemütsbewegungen seine Arbeit im geringsten Grade beeinflussen. Er muss über Zorn und Furcht erhaben sein. Drittens muss er vollständige Ruhe, Heiterkeit und Freudigkeit besitzen. Menschen, die zu Depressionen und Kummer neigen, sind nicht brauchbar; denn ein großer Teil der Arbeit besteht darin, andere zu trösten und zu beruhigen, und wie können sie dies tun, wenn sie selbst beständig in einem Zustand der Aufregung oder der Niedergeschlagenheit sind? Viertens muss der Mensch Kenntnisse besitzen; er muss schon auf dieser Ebene alles gelernt haben, was über andere zu lernen ist; denn er darf nicht erwarten, dass dort Menschen ihre kostbare Zeit verschwenden werden, um ihn das zu lehren, was er sich selbst hätte aneignen können. Fünftens muss er vollkommen selbstlos sein. Er muss darüber erhaben sein, sich verletzt zu fühlen, und soll nicht an sich selbst, sondern nur an die Arbeit denken, die er zu vollbringen hat, sodass er die bescheidenste oder die größte Pflicht ohne Neid einerseits oder Überheblichkeit andererseits froh auf sich nimmt. Sechstens muss er ein Herz voll Liebe haben – nicht Sentimentalität, sondern dem starken Wunsch zu dienen, ein Stromweg für die Liebe Gottes zu sein, die, wie der Friede Gottes, menschliches Verstehen übersteigt. Sie denken vielleicht, diese Vollkommenheit sei unerreichbar; sie ist jedoch jedem Menschen möglich. Es braucht Zeit dazu;

Die Erfahrungsberichte

aber sie ist sicherlich gut angewendet. Wenden Sie sich nicht verzagt von diesem Ziele ab, sondern machen Sie sich sofort daran, für diese glorreiche Aufgabe befähigt zu werden. Und während wir danach streben, warten wir nicht müßig, sondern versuchen wir, schon jetzt ein Stückchen Arbeit in derselben Richtung zu unternehmen. Jeder kennt jemanden, der in Sorge oder Not ist, ob es unter den Lebenden oder Toten sei, ist ganz einerlei. Ist Ihnen ein solcher Fall bekannt, denken Sie vor dem Einschlafen daran, und nehmen Sie sich vor, diese Person aufzusuchen und zu trösten, sobald Sie von diesem Körper befreit sind. Sie mögen sich am nächsten Morgen des Ergebnisses nicht bewusst sein, und Sie mögen sich an nichts erinnern; seien Sie aber versichert, dass Ihr Entschluss nicht fruchtlos war, und Sie etwas getan haben, ob Sie sich daran erinnern oder nicht. Früher oder später werden Sie einmal den Beweis Ihres Erfolges erhalten. Denken Sie daran: in dem Maße, wie wir helfen, kann uns geholfen werden. Vergessen Sie nicht, dass wir vom Niedrigsten bis zum Höchsten durch eine Kette gegenseitiger Dienstleistung verbunden sind und dass, wenn wir auch auf den unteren Stufen der Leiter stehen, diese doch hinausreicht über die irdischen Nebel bis dahin, wo das Licht Gottes immer leuchtet.

Gisela Weigl und Franz Wenzel

Die Erfahrungsberichte

Leben und Sterben

*Des Menschen Seele gleicht dem Wasser:
Vom Himmel kommt es,
zum Himmel steigt es,
und wieder nieder zur Erde muss es,
ewig wechselnd.*

Johann Wolfgang von Goethe

In sehr früher Zeit war allen Menschen bewusst, dass ihr gegenwärtiges Leben nur ein Glied war in einer langen Kette. Sie wussten, sie hatten schon viele Male auf der Erde geweilt und würden noch oft wiederkommen müssen, um zur Vollkommenheit und zur Vollendung zu gelangen. Später ging dieses Wissen vielen Menschen verloren. Es ist auch nicht mehr in allen Religionen enthalten oder nur so verborgen, dass es nicht einmal die Priester erkennen. Es gab jedoch zu allen Zeiten Menschen, die an das Gesetz von Karma und Wiedergeburt glaubten, so zum Beispiel Buddha, Pythagoras, Empedokles, Platon, Ovid, Giordano Bruno, Benjamin Franklin, Friedrich der Große, Goethe, Rückert, Novalis, Grillparzer, Hebbel, Richard Wagner, Peter Rosegger, Tagore und viele andere.
Es ist das Verdienst der Theosophischen Gesellschaft, dass sie zu Ende des vorigen Jahrhunderts den Gedanken der Wiedergeburt, der Reinkarnation, im Abendland ins Gespräch brachte. War es zunächst auch ein relativ kleiner Kreis, der später durch die Anthroposophen erweitert wurde, so ist doch diese Frage, mit ihrem Für und Wider, seitdem nicht mehr verstummt.
In den Religionen des Ostens ist die Wiedergeburt ein fester Bestandteil ihrer Lehre. In der heutigen Zeit erwacht jedoch auch in vielen Menschen des westlichen Kulturkreises ein Ahnen von der Richtigkeit der Lehre von Karma und Wieder-

Leben und Sterben

geburt, ein Ahnen, das sich in manchen Menschen zum Wissen festigt und bei einigen zur unumstößlichen Gewissheit geworden ist. Immer häufiger haben Menschen Rückerinnerungen an frühere Leben, teilweise angeregt durch Therapeuten, die auf diesem Wege ihren Patienten zu helfen versuchen, teilweise aber auch vollständig aus sich selbst gewachsen, ohne jeden Anstoß von außen.
Die Lehre von Karma und Wiedergeburt geht davon aus, dass der menschliche Geist aus Gott kommt. Dieser Gottesfunke kleidet sich ein in Materie und bildet sich einen Leib. Die Seele steht als Mittlerin zwischen beiden. Der frühere Mensch ist wie ein Kind, das noch nicht zu unterscheiden vermag zwischen Gut und Böse. Sein Gewissen muss erst geweckt und in mühevoller Arbeit erzogen werden. Anstelle des natürlich-kindlichen Egoismus muss Gemeinschaftssinn erworben werden, der schließlich überhöht wird zur Hingabe für andere. Diesen Weg des Kindes über den Erwachsenen bis hin zum selbstlosen Weisen geht jeder Mensch in seiner Entwicklung. Durch viele Leben hindurch übt er sich im Lernen durch Versuch und Irrtum und lernt so das Gesetz von Ursache und Wirkung kennen. Karma ist ein Sanskrit-Wort und bedeutet Tat oder Handlung. Gemeint ist, dass jede Tat ihre Folgen hat. In der Bibel heißt es: *„Denn sie säen Wind und werden Ungewitter ernten"* (Hos. 8, 7), und *„darum säet euch Gerechtigkeit und erntet Liebe"* (Hos. 10, 12). Im Neuen Testament steht: *„Irret euch nicht! Gott lässt seiner nicht spotten. Denn was der Mensch sät, das wird er ernten."* (Gal. 6, 7)
Handelt ein Mensch gut an einem anderen Wesen, so wird dieses ihm Zuneigung und Dankbarkeit entgegenbringen, wenn nicht sofort, so doch später. Handelt er aber schlecht an einem Wesen, so wird dieses ihm Zorn und Hass entgegenbringen. Da Zuneigung und Dankbarkeit positive, also aufbauende Kräfte in Gang setzen, Zorn und Hass aber negative, also

Die Erfahrungsberichte

zerstörende, so wird der Mensch die Folgen seiner Handlungen zu spüren bekommen. Oft geschieht dies nicht unmittelbar, aber früher oder später fällt alles, Positives wie Negatives, auf seine Urheber zurück. Sogar Gedanken haben auf geistiger Ebene eine ebenso große Kraft wie die Tat auf der materiellen. Mag der Gedanke, dass jede Tat – sei sie nun gut oder böse – eine Wirkung auf die Entwicklung des Menschen hat, viele erschrecken, so ist das Karma doch das Gesetz der Liebe und der ausgleichenden Gerechtigkeit. Alle Menschen hoffen auf die Gerechtigkeit Gottes und es gibt sie auch. Sie ist – wie Gott – vollkommen, nur wir Menschen sind noch unvollkommen und nicht fähig, sie zu erkennen. Wir sehen, dass Schuldige oft ohne Strafe davonkommen und anscheinend Unschuldige bitter leiden müssen. Ein so genannter böser Mensch befindet sich durch seine Eigenliebe auf einer niedrigen Entwicklungsstufe, vergleichbar mit einem kleinen Kind, dem man Zeit lassen muss, seine Fähigkeiten zu entwickeln. Deshalb lässt Gott es bei solchen Menschen zu, dass sie mit ihren bösen Taten Erfolg haben und diese im irdischen Leben keine Strafe nach sich ziehen. Sie wären auch gar nicht fähig zu erkennen, dass es eigentlich gar keine Strafe ist, sondern – nach dem Gesetz von Ursache und Wirkung – die Folge ihrer Taten. Sie hätten nur das Gefühl, vom Schicksal ungerecht behandelt zu werden. Menschen, die noch nicht weit entwickelt sind, fehlt auch die Einsicht für ihre eigenen Fehler, während sie die Fehler der anderen durchaus erkennen und verurteilen. Christus sagt: *„Was siehest du aber den Splitter in deines Bruders Auge, und wirst nicht gewahr des Balkens in deinem Auge? Oder wie darfst du sagen zu deinem Bruder: ‚Halt, ich will dir den Splitter aus deinem Auge ziehen', – und siehe, ein Balken ist in deinem Auge? Du Heuchler, zieh am Ersten den Balken aus deinem Auge; danach siehe zu, wie du den Splitter aus deines Bruders Auge ziehest."*
Da aber eine Entwicklung zur Vollkommenheit nur möglich ist,

Leben und Sterben

wenn der Mensch die Folgen seiner Taten erkennt, ist es nötig, die Erfahrung zu machen, sobald er reif genug geworden ist, um das Gesetz von Ursache und Wirkung zu erkennen, wie es ein alter Spruch besagt: *„Was du nicht willst, das man dir tu; das füg' auch keinem anderen zu!"* Handelt der Mensch gegen dieses Gesetz, muss er in einem späteren Leben erleiden, was er einem anderen Geschöpf Gottes an Leid angetan hat. Christus sagt: *„Wahrlich, ich sage dir: du wirst nicht von dannen herauskommen, bis du auch den letzten Heller bezahltest!"* (Matth. 5, 26) Der geistig erwachte Mensch dagegen sieht seine eigenen Fehler und versucht, sie zu überwinden. Je näher er dem Licht Gottes kommt, das nach und nach alle seine dunklen Ecken ausleuchtet, desto deutlicher erkennt er selbst die kleinsten Fehler. An ihn stellt Gott auch größere Forderungen und das Gesetz des Karma tritt bei ihm viel schneller in Kraft. Wenn er gegen das Gesetz der Liebe verstößt, bekommt er noch im gleichen Leben die Folgen zu spüren, weil er fähig ist, darin die Gerechtigkeit Gottes zu erkennen und Schlussfolgerungen für sich selbst daraus zu ziehen. Der Vollendete dagegen, der frei geworden ist vom Gesetz des Karma, überblickt alle seine vielen Erdenleben von Anbeginn und sieht tief beglückt die Weisheit, Liebe und Gerechtigkeit Gottes, nicht nur in seiner, sondern auch in der Entwicklung aller anderen Geschöpfe. Er hat Mitleid mit den Fehlern und Schwächen anderer Menschen und verurteilt sie nicht, weil er aus eigener Erfahrung weiß, wie schwer sie zu überwinden sind. Ihm ist das Leiden seiner jüngeren Geschwister kein Rätsel mehr und er arbeitet als „Älterer Bruder" daran mit, dass auch sie vollkommen werden.

Die Kette der Wiederverkörperungen ist mit einer Schule zu vergleichen, die in verschiedene Klassen und Stufen eingeteilt ist. Jeder von uns hat einmal in der ersten Klasse angefangen und die Menschen der heutigen Zeit befinden sich auf den

Die Erfahrungsberichte

unterschiedlichsten Stufen. So gesehen gibt es eigentlich gar keine „bösen" Menschen, nur mehr oder weniger weit entwickelte. Die einen lernen schnell, die anderen langsam. Ein Entrinnen gibt es nicht aus dieser Schule. Wer das Klassenziel nicht erreicht, muss – oder darf – so oft wiederholen, bis er schließlich doch lernt und weitergehen kann zur nächsten Stufe. Ein weiser Lehrmeister ist hierbei das Leiden. *„Leiden ist ein schnelles Pferd!"*, lautet ein Sprichwort. Wenn ein Mensch leidet, so bedeutet dies keine *Strafe*, sondern die Ursache hierzu liegt in seinem früheren Fehlverhalten. Allerdings gibt es auch geistig fortgeschrittene Menschen, die ein negatives Karma freiwillig auf sich nehmen, weil sie in diesen Lebensverhältnissen anderen besser helfen können. Lernt ein Mensch nun schneller, als es in seinem „Klassenplan" vorgesehen ist, so kann er auch schneller eine höhere Stufe erreichen und sein durch frühere Fehler verursachtes schlechtes Karma verbessert sich. So kommt es vor, dass die Leiden eines Menschen aus Gnade abgekürzt werden, weil er schneller als vorgesehen gelernt hat, was aus ihnen zu lernen war, und dieses Lehrmittel sich damit erübrigt. Ebenfalls kommt es vor, dass das Leben eines Menschen über das vorgesehene Maß hinaus verlängert wird, wenn er sich in einer guten geistigen Entwicklungsphase befindet und eine Fortsetzung dieser positiven Entwicklung zu erwarten ist. Das Karma ist also kein absolut starres Gesetz. Es ist veränderbar durch eigenes Bemühen und durch die Gnade Gottes.
Zieht man dies alles in Betracht, so entdeckt man die Nicht-Existenz des Zufalls in der heutigen Bedeutung des Wortes. Richtig ist nur die ursprüngliche Bedeutung: Es fällt einem zu. Ja, alles fällt einem zu, was man sich erarbeitet hat, Schlimmes oder Gutes.
Die Gegner des Wiederverkörperungsgedankens meinen, wer wisse, dass er mehrmals lebt, werde die Sünde nicht meiden, denn er glaube ja, so viel Zeit zu haben. Das Gegenteil ist der

Fall, denn wer will schon andauernd sitzen bleiben? Jeder möchte doch vorwärts kommen.

Viele Christen halten die Karma-Lehre für unvereinbar mit der Sündenvergebung durch Jesus Christus. Es ist aber so, dass Christus das Gesetz von Ursache und Wirkung nicht aufhebt. Er versöhnt den reuigen Sünder, der Seine Vergebung erbittet, zwar mit Gott, aber trotzdem ist der einem anderen Wesen zugefügte Schaden wiedergutzumachen, auf die eine oder andere Art. Wer das nicht aktiv tut, der wird auf passive Art durch Leiden zum karmischen Ausgleich kommen. Freilich muss die Wiedergutmachung nicht immer äußerlicher Art sein, denn Gebete für den Geschädigten helfen ihm mitunter mehr als Taten. So kann man ohne weiteres an Wiederverkörperung und Karma glauben und doch ein Mensch sein, der Jesus Christus als seinen persönlichen Erlöser erkannt und angenommen hat. In jedem Leben kommen wir mit Menschen zusammen, die wir von früher her kennen, mit Freunden wie auch mit Feinden, denn Liebe und Hass führen uns immer wieder zusammen. Unbegründete Abneigung deutet auf eine negative Verbindung aus einem früheren Leben hin, spontane Zuneigung und die so genannte „Liebe auf den ersten Blick" auf eine positive. Wir erhalten so immer wieder eine Chance, Hass in Liebe umzuwandeln und uns in der Liebe zu vervollkommnen. Ehemalige Feinde oder Freunde können zum Beispiel unsere Kinder, Eltern, Geschwister, Ehepartner, Kollegen oder Vorgesetzte sein.

Geistig erwachte Menschen erkennen ihre ehemaligen Freunde und Feinde oft und bemühen sich, aus den Feinden Freunde zu machen.

Die Vererbungslehre ist nur bedingt richtig, denn Geist und Seele formen sich den Körper. Da sich jedoch geistig verwandte Seelen anziehen, wird man bei Eltern und Kindern häufig ähnliche Neigungen und Begabungen, aber auch Untugenden und Laster finden.

Die Erfahrungsberichte

Auch Tiere begegnen uns immer wieder – die, denen wir Leid und Schmerz zufügten, ebenso wie jene, mit denen uns Liebe verband. Wir gehen als Geschöpfe Gottes alle einen Entwicklungsweg, der über Hass und Schuld, Schmerz und Leid zur Liebe zueinander und damit in die Liebe Gottes führt. Je bewusster wir leben und je ernster wir das Gebot Jesu Christi: *„Liebet eure Feinde ..."* befolgen, desto mehr zum Guten wendet sich unser Karma und dadurch letzten Endes auch das Schicksal unserer Erde.

Unmenschlichkeit gegenüber unserem Nächsten, ganz gleich, ob es Mensch, Tier oder Pflanze ist, bringt für denjenigen, der schuldig wird, ein schweres Karma, indem ihm das gleiche oder ein ähnliches Unrecht geschieht, das er zuvor verursachte. Es kommt oft vor, dass ein Mensch in einer Rasse wiedergeboren wird, die er einmal verspottet oder verfolgt hatte.

Gequälte Versuchstiere und sterbende Wälder werden die Menschen anklagen, und zwar nicht nur diejenigen, die ihnen unmittelbar Schaden zufügten, sondern auch jene, die dies aus Profitgier oder Gleichgültigkeit duldeten. Schon heute bekommen wir einen Teil davon zu spüren durch schädigende Umwelteinflüsse und ein trotz Tierversuchen ständiges Ansteigen der Krankheiten.

Christus sagt in Matth. 25, 40 + 45: *„Wahrlich, ich sage euch: Was ihr getan habt einem unter diesen meinen geringsten Brüdern, das habt ihr mir getan"*, und: *„Wahrlich, ich sage euch: Was ihr nicht getan habt einem unter diesen Geringsten, das habt ihr mir auch nicht getan."*

Eine Geist-Seele verbindet sich schon lange vor der Zeugung ihres Körpers mit ihren zukünftigen Eltern – im günstigsten Fall mit beiden gleich stark, im ungünstigsten nur mit einem Elternteil, und zwar mit demjenigen, welcher ihr innerlich näher steht. Meist ist mit dem einen eine stärkere, mit dem anderen eine

Leben und Sterben

schwächere Bindung vorhanden. Vor der neuen Wiederverkörperung werden die Eltern ausgewählt. Die geistigen Helfer, welche diese Aufgabe übernehmen, erklären dies der betreffenden Geist-Seele. Ist sie fortgeschritten in ihrer Entwicklung, so besitzt sie ein Mitspracherecht. Sie wird nun durch ihre Helfer vorbereitet auf die neue Erdenwanderung. Wenn dies geschehen ist, sucht sie die Eltern auf und umschwebt sie.
Während der Zeugung ist sie zugegen, und es ist nicht ohne Einfluss für das künftige Erdenleben, unter welchen Umständen sich die Zeugung vollzieht. Sind die Eltern in echter Liebe verbunden, so ist dies für die Geist-Seele sehr angenehm. Es ist der schönste Willkommensgruß, der ihr das Herabsteigen aus den himmlischen Sphären erleichtert.
Sobald sich Ei und Samen verbinden, ist die Geist-Seele daran gebunden. Zwar dauert es noch lange, bis sie voll einzieht in die Materie, aber sie kann ab diesem Augenblick keine andere Verkörperung mehr wählen, sondern ist diese Verbindung eingegangen. Mit dem Wachsen des Embryos verstärkt sich dieses Band, und im Augenblick der Geburt ist die Geist-Seele voll in die Materie verkörpert.
Freilich ist sie beim Säugling noch nicht so fest in ihr eingebunden wie beim Erwachsenen. Sie weilt noch viel in höheren Sphären. Erst allmählich verfestigt sich das Eingebundensein, und zwar in Siebener-Schritten. Deshalb sagt man, dass sich beim siebenjährigen Kind „die Himmelsaugen schließen". Ab dem 14. Jahr bereitet es sich auf das Erwachsenwerden vor, und ab dem 21. ist es erwachsen.
Wenn die Vereinigung von Ei und Samen sowie die Bindung daran stattgefunden hat, bleibt die Geist-Seele auch mit der Mutter verbunden. Alles, was die Mutter tut, denkt und fühlt, betrifft auch die Geist-Seele. Sie weiß alles, sieht, hört und fühlt alles, auch wenn die entsprechenden Organe beim Embryo noch nicht ausgebildet sind. Sie bedarf nicht der Materie dazu.

Die Erfahrungsberichte

Die Geist-Seele des werdenden Kindes nimmt an allen Freuden und Leiden teil. Die Schwangere kann es, wenn das Kind sich zu rühren beginnt, selbst spüren, dass es auf jede Freude und jede Aufregung reagiert. Deswegen ist es für das werdende Menschenkind so außerordentlich wichtig, in Liebe empfangen und in froher Erwartung, allen Schwierigkeiten zum Trotz, ausgetragen zu werden. Es gibt also keinen Zeitpunkt, bis zu welchem eine Abtreibung vertretbar wäre. Haben sich Ei und Samen verbunden, so ist der neue Mensch anwesend. Auch schon zu einem sehr frühen Zeitpunkt ist es für die Geist-Seele ein entsetzlicher Schmerz, wenn ihre soeben eingegangene Verbindung mit der Materie gewaltsam gelöst wird. Eine Abtreibung stellt einen Eingriff in das Karma des werdenden Kindes dar und verzögert den so wichtigen karmischen Ausgleich. Die Eltern schaffen damit schlechtes Karma für sich selbst. Oft hat die Mutter später Schuldgefühle, obwohl sie zuerst einverstanden war oder die Abtreibung selbst wollte. Ein geistig oder körperlich behindertes Kind ist niemals eine „Strafe Gottes", aber auch kein Zufall, sondern seine Geburt in diese Familie ist karmisch bedingt, wie auch immer die äußeren Umstände gewesen sein mögen, die dazu führten.

Wenn die Mutter das Kind innerlich ablehnt, ist dies für die Geist-Seele ein trauriger Empfang auf der Erde und ein schlechter Start für das neue Leben. Auch eine Ablehnung des Vaters, ja sogar der Geschwister und Großeltern, empfindet sie als schmerzlich. Hingegen wird ihr durch liebevolle, freudige Erwartung der Eintritt in die Materie sehr erleichtert.

Die Ansicht, dass eine werdende Mutter gute und freudige Gedanken hegen und sich mit Edlem und Schönem umgeben soll, trifft durchaus zu, denn dies alles ist angenehm für die Geist-Seele und fördert eine gute geistige Entwicklung des kommenden Kindes. Die Mutter sollte mit dem Kind während der Schwangerschaft in Gedanken sprechen, und auch der Vater

Leben und Sterben

sollte dies tun. Das werdende Menschenkind ist nur äußerlich ein Embryo, die Geist-Seele dagegen ist alterslos, kann aber ein mehr oder weniger weit entwickeltes Wesen sein. So, wie viele Menschen Angst vor dem Sterben haben, von dem sie nicht wissen, dass es eine Geburt ins Jenseits ist, fürchten sich viele inkarnierende Seelen vor dem Geborenwerden. Je mehr Liebe das werdende Kind erhält, desto weniger Angst hat die Seele vor der Geburt und vor ihrem Karma, denn die Eltern sind ihr ja nicht unbekannt. Es ist deshalb auch wichtig, dass der Vater bei der Geburt anwesend ist.

Ein vorzeitiges Einleiten der Geburt oder ein künstliches Verzögern durch Medikamente schadet Mutter und Kind, ebenso eine nicht unbedingt notwendige Narkose. Darum sollte dies alles vermieden werden, es sei denn, zwingende medizinische Gründe sprächen dafür. Geburtsstunde und -tag sollten nicht von Menschen bestimmt werden, sondern möglichst dem Schicksal überlassen bleiben.

Der Säugling sollte auch nach der Geburt bei der Mutter bleiben, um den innigen Kontakt nicht zu unterbrechen, den er jetzt so dringend benötigt. Für das Kind ist die Geburt ein Schock. Es fällt aus der warmen, dunklen Geborgenheit des Mutterschoßes in eine kalte, helle Welt, die ihm Angst macht, innerlich wie äußerlich; denn es hat als Geistwesen ein Abschiednehmen, das ähnlich dem Sterben ist, in der inneren Welt erlebt. Die Geburt kann man mit dem Sterben vergleichen: Wie sich die Geist-Seele des Menschen im Todeskampf von dem irdischen Körper befreit, so löst sich das Kind durch die Geburtswehen aus dem Mutterleib. Je weniger der Mensch unnötig in beide Vorgänge eingreift, desto besser ist es für die Geist-Seele.

Ebenso wie die Geist-Seele eines noch ungeborenen Kindes alles weiß und versteht, so weiß und versteht auch die Geist-Seele eines geistig Behinderten alles. Sie braucht kein Gehirn, deshalb ist ein gestörtes Gehirn kein Hindernis für sie. Es gibt Sensitive, die mit Ungeborenen und kleinen Kindern geistig reden können, da die Geist-Seele ja vom ersten Augenblick an voll aktionsfähig ist. Dies vollzieht sich auf dem Weg der Gedankenübertragung. Auf die gleiche Art ist eine Verständigung mit geistig Behinderten möglich, wenn der Sensitive sich ihnen in Liebe zuwendet. Was diese ihm geistig sagen, ist in keiner Weise durch ihre Behinderung geprägt, sondern sehr klar und vernünftig. Qualitätsunterschiede entstehen lediglich dadurch, dass die Seelen der Behinderten auf verschiedenen Entwicklungsstufen stehen. Aber auch jede Mutter und jeder Vater kann mit dem geistig Behinderten in Gedanken so sprechen, als wenn er gesund wäre, denn die Geist-Seele ist es ja, nur der irdische Körper ist behindert. Die Geist-Seele hungert nach innerer Verständigung. Die Eltern sollten diesen Kontakt auch dann pflegen, wenn sie die geistige Antwort nicht hören. Die Geist-Seele eines Behinderten kann, wenn es ihr Wunsch ist, in einem telepathischen Gespräch mit einem Sensitiven Auskunft über den karmischen Grund ihrer Behinderung geben, denn sie kennt ihn. Auch die Geist-Seelen Gesunder wissen genau Bescheid über ihr Karma. Der äußere Mensch hingegen kennt dieses nicht, ob er nun behindert oder nicht behindert ist. Erst der Schüler auf dem aufwärts führenden geistigen Pfad erfährt allmählich die karmischen Zusammenhänge.

Es gibt Geist-Seelen, die durch ihre geistige oder körperliche Behinderung Karma abtragen, also büßen. Andere Geist-Seelen hingegen haben eine solche Verkörperung freiwillig auf sich genommen. Dies kann verschiedene Gründe haben:

Zum einen wollen sie in einer solchen Verkörperung Erfahrungen sammeln, die sie in einem späteren Leben zum Wohle anderer Behinderter anwenden werden. So kann es sein, dass ein heute geistig behinderter Junge in einem späteren Leben ein Arzt sein wird, der neue Methoden zur Behandlung Behinderter

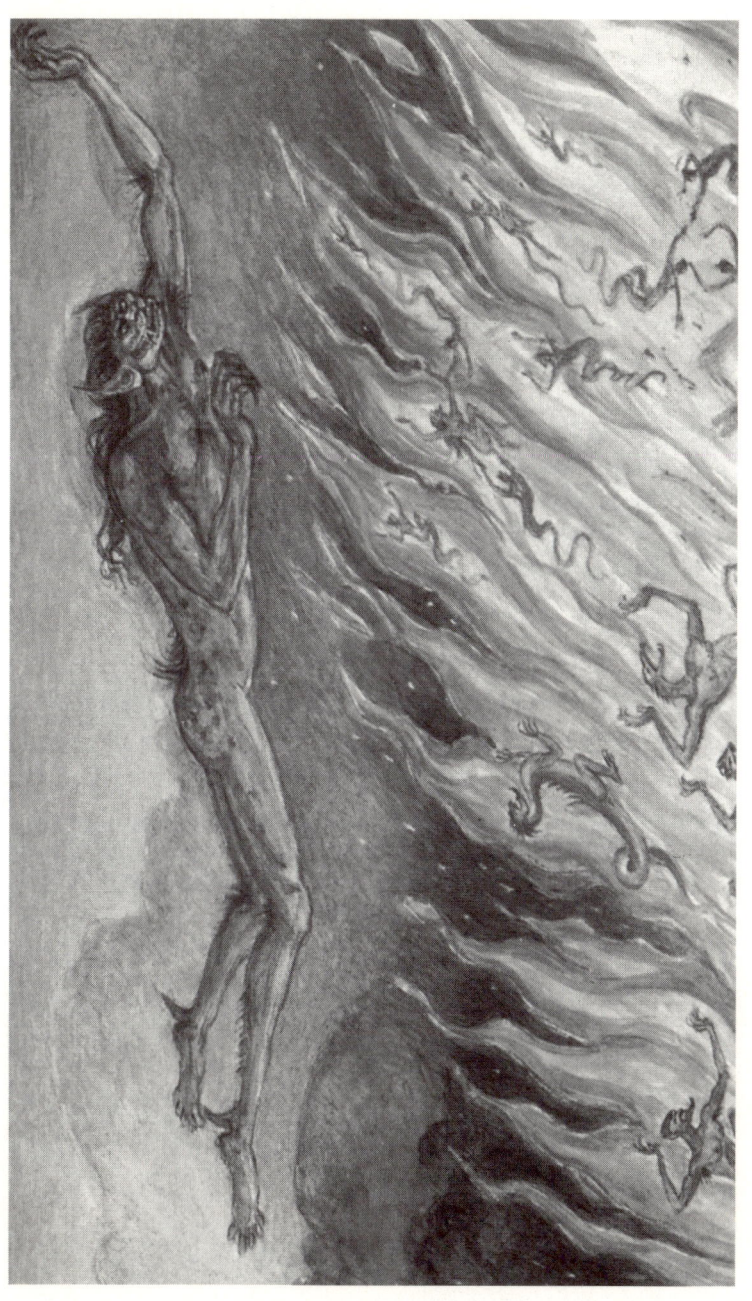

Sturmgeister und Feuergeister

Die Erfahrungsberichte

entwickelt, oder dass ein geistig behindertes Mädchen sich darauf vorbereitet, in einer anderen Verkörperung eine liebende und verständnisvolle Mutter eines geistig behinderten Kindes zu werden.
Zum anderen gibt es auch geistig Behinderte, die um ihrer büßenden Geschwister willen in diese Verkörperung gehen, um ihnen auf einer geistigen Ebene nachts im Schlaf Belehrungen, Hilfen und Tröstungen zukommen zu lassen. Dies kann wirksamer geschehen, wenn solch eine hohe Seele selbst in einem behinderten und oft auch unschönen Körper lebt. Äußerlich unterscheiden sich diese Behinderten durch nichts von den anderen, wohl jedoch darin, was sie dem dafür geeigneten Sensitiven zu sagen haben. Tiere erkennen das wahre Wesen dieser Menschen oft und zeigen es durch besonders große Zuneigung – ganz gleich, wie ungeschickt sich der Behinderte äußerlich verhält.
Die dritte Gruppe stellt eine Kombination der beiden ersten dar. Diese Seelen haben zwar noch Karma abzutragen, sind aber schon befähigt, selbst als Helfer für einen oder einige wenige behinderte Büßer zu arbeiten. Alle Körperbehinderten gehören ebenfalls einer dieser drei Gruppen an, ganz gleich, ob die Behinderung angeboren ist oder später erworben wurde. Es trifft also durchaus nicht zu, wenn man meint, alle geistig oder körperlich Behinderten hätten ein selbstverschuldetes Karma abzutragen, sondern ihre Behinderung kann auf die unterschiedlichsten Gründe zurückgehen.

Es ist für geistig oder körperlich behinderte Menschen innerlich und äußerlich ein tiefer Schmerz, wenn sie abgelehnt oder verspottet werden. Menschen, die vom Sinn des Karma wissen, sollten dies berücksichtigen und ihnen – wie allen anderen – Freund und Bruder sein.
Wenn sie in einem Geschöpf durch Liebe zu ihm den Gottes-

funken erkennen, erschließt sich ihnen sein wahres Wesen und sie fühlen sich eins mit ihm.

Der Tod durch Mord oder Selbstmord

Alle Verbrecher sind arme, irrende Menschen, die Gedanken des Mitgefühls verdienen und nicht Gedanken des Hasses und der Rache. Sie sind so sehr in die Irre gegangen und haben sich so weit entfernt von Gott, dass sie dem verirrten und verängstigten Kind gleichen, das um sich schlägt, aus Angst, ein übel Wollender könne es ergreifen und schädigen an Leib und Leben. Man sollte beten für die Verbrecher und sie immer wieder der Gnade Gottes übergeben. Jedes Gebet bewirkt für sie ein winzig kleines Licht. Kommen mehrere solcher Lichter zusammen, so vermögen sie dem im Dunkel Stehenden ein wenig zu leuchten, damit er den Weg herausfindet aus seinen Verirrungen.
Der Sexualverbrecher hat die Kontrolle verloren über seine Triebe. Er hat sich in einem früheren Leben versündigt an der Liebe, deren er sich unwürdig erwies und die er mit Füßen trat. Nun hat er das Gefühl, nie mehr Liebe empfangen zu können. Deshalb erzwingt er sie sich und verliert dabei jedes Maß. Er ist ein kranker Mensch, krank an seiner Seele. Sitzt die Krankheit nicht sehr tief, so kann er geheilt werden durch eine Therapie, die ihm bewusst macht, dass auch er geliebt wird, zumindest von Gott, aber auch von verständigen Menschen. Sitzt die Krankheit jedoch tiefer, so muss er getrennt werden von der Gesellschaft und zu seinem und anderer Schutz verwahrt werden, an einem Ort, wo er mit Verständnis behütet wird vor sich selbst.
Mörder begehen ihre Taten aus den verschiedensten Gründen,

Die Erfahrungsberichte

und es ist ein großer Unterschied, ob ein Mensch einen anderen im Affekt tötet oder ob es ein vorher geplantes Verbrechen ist. Fast alle Mörder handeln aus Angst, die ihnen meist unbewusst ist; in der Weise, wie manche Hunde aus Angst beißen, also angreifen, weil sie einen Angriff fürchten. In früheren Leben zogen diese Menschen durch negatives Handeln Dunkelheit auf sich, die sie mitbrachten in dieses Leben und die ihnen nun Angst bereitet. Wenn es helfenden Menschen gelingt, ihnen Mut zu machen in ihrer Angst, so werden sie nicht mehr so leicht rückfällig.

Wenn Menschen zum Mörder an einem Kind werden, so besteht zu der Seele des Kindes eine negative Verbindung aus früheren Leben. Es kann sich dabei um ein Kind aus der eigenen Familie handeln oder um ein fremdes. Entweder hat diese Seele ihnen großes Unrecht zugefügt, und sie haben es nicht vergeben, sondern den Hass mit in dieses Leben gebracht, oder sie haben diesem Kind selbst unrecht getan. In diesem Fall wollen sie sich den sie anklagenden Gegenstand ihrer im Unterbewussten bleibenden Erinnerung aus den Augen schaffen, obwohl sie karmisch die Gelegenheit zur Wiedergutmachung gehabt hätten.

Kinder, die einen Mord begehen, bringen nicht nur Dunkelheiten aus einem früheren Leben mit, sie sind auch in diesem Leben von ihrer Umgebung falsch behandelt worden. Allerdings können die sie umgebenden Dunkelheiten die Ursache dafür sein, weil diese in ihren Betreuern Abneigung oder Aggression hervorrufen.

Die Todesstrafe ist nicht das richtige Mittel, um Verbrechen zu sühnen oder Verbrecher zu bessern. Wenn sie uneinsichtig gewaltsam sterben müssen, nehmen sie alles Negative, all ihren Hass und ihre Dunkelheit, die sie umgibt, mit ins Jenseits, wo alle diese Aspekte sich zunächst verstärken und negativ herüberwirken ins Diesseits. Es kann lange dauern, bis eine Besserung eintritt, und oft wird diese Prägung wieder mitgebracht in die neue Verkörperung. Darum ist es ratsamer, Verbrecher nicht zu töten, sondern ihnen das Leben zu lassen und sie durch Therapie und geduldige Betreuung von der Unrichtigkeit ihres Handelns zu überzeugen. Im Jenseits müssen alle Verbrecher mehr oder weniger lang büßen für ihre Vergehen, je nach der Einsicht in ihr Unrecht. Ihre Opfer sollten ihnen verzeihen, denn solange dies nicht geschieht, bleiben sie auf negative Weise mit denen verbunden, die an ihnen schuldig wurden, und diese können trotz Einsicht nicht ganz frei werden. Aber nicht nur der Einzelne, sondern die ganze Gesellschaft sollte sich dieser Menschen annehmen, wie es in 1. Tim. 2, 3 + 4 heißt: *„Denn solches ist gut und angenehm vor Gott, unserm Heiland, welcher will, dass allen Menschen geholfen werde und sie zur Erkenntnis der Wahrheit kommen."*

Selbstmörder sind keine Verbrecher, sondern ebenfalls arme, irrende und dazu noch völlig unwissende Menschen. Sie verstehen nicht, dass sich keiner das Leben nehmen kann, weil es ewig ist. Sie können nur den Leib, also das Kleid, das Werkzeug der Seele, zerstören. Ohne ihr Kleid ist die Seele aber nackt, ohne Werkzeug völlig hilflos, und sie leidet – und mit ihr der entkörperte Mensch – mehr als je zuvor. Zudem wird die Seele in einem späteren Leben nochmals in die gleiche Situation gestellt, der sie sich entziehen wollte, weil gerade dieser sich daraus ergebende Lernprozess notwendig ist für ihre Entwicklung.

Menschen, welche gleichgeschlechtliche Liebe pflegen, werden in unserer Gesellschaft gelegentlich noch verachtet. Sie sind jedoch sehr oft von anderen zu dieser Liebe verführt worden, in dieser oder einer früheren Verkörperung. Karmisch gesehen sind es meist Menschen, die aus einem früheren Leben – seltener aus diesem – eine bittere Enttäuschung von einem andersgeschlechtlichen Partner hinter sich haben, welche sie nicht verzeihen und damit nicht überwinden konnten. Nun suchen sie Trost und Liebe bei ihrem eigenen Geschlecht. Diese Menschen werden im Jenseits nicht verurteilt, es sei denn, sie hätten durch ihre Neigung unrecht getan.

Suchtkranke, gleich ob es sich nun um Alkohol oder eine andere Sucht handelt, sind tief unglückliche Menschen. Meist bringen sie aus früheren Leben unbewältigte Probleme mit. Dadurch ziehen sie in diesem Leben Verhältnisse an, die ihnen weitere Probleme auferlegen. Auch eine noch so gute Therapie kann nur dann Hilfe bringen, wenn der Süchtige bereit ist, sich lösen zu lassen von seinen unseligen Neigungen. Ehemalige Süchtige können durch ihre eigenen Erfahrungen am ehesten helfen.

Der Mensch bringt von früheren Leben jedoch nicht nur negative, sondern auch positive Eigenschaften mit. So haben Wunderkinder ihre Fähigkeiten in früheren Leben erworben und müssen sie diesmal nur kurze Zeit einüben, um noch größere Vollkommenheit darin zu erlangen.

Das Sterben in der heutigen Zeit

Da ist ein Land der Lebenden
und ein Land der Toten,
und die Brücke zwischen ihnen ist die Liebe,
das einzig Bleibende, der einzige Sinn!

Thornton Wilder

Früher, als mehrere Generationen noch unter einem Dach wohnten, starben die Menschen inmitten ihrer Familie und es fand ein richtiges Abschiednehmen von Angehörigen und

Das Sterben in der heutigen Zeit

Freunden statt. Auch das Verhältnis zum Tod war natürlich und selbstverständlich. In der heutigen Zeit, die sehr viel materialistischer und oberflächlicher ist, geschieht das Sterben oft in der Einsamkeit eines Hochhauses, Altersheimes oder Krankenhauses. Der sterbende Mensch wird häufig bis zuletzt an Maschinen angeschlossen, die seine Körperfunktionen nicht nur überwachen, sondern auch teilweise übernehmen. Er wird zwar äußerlich versorgt, bleibt aber mit seinen Ängsten und Problemen allein. Krankheit und Sterben sind in der heutigen Zeit kaum ein Gesprächsthema und der Gedanke daran wird verdrängt. Schwer Kranke, Behinderte oder alte Menschen werden sich selbst überlassen, und nur sehr wenige Menschen – nicht einmal alle Ärzte, Schwestern und Pfarrer – sind bereit, sich einem Gespräch über das Sterben zu stellen, weil sie sich selbst vor dem Tod fürchten und kaum Kenntnisse über den geistigen Vorgang des Sterbens und das Danach haben. Eine Ausnahme ist die Schweizer Sterbeforscherin Dr. Elisabeth Kübler-Ross, die sich jahrelang aufopfernd um die seelische Not und Verlassenheit Kranker und Sterbender und ihrer Angehörigen gekümmert hat. Sie führte Seminare durch für diese Menschen sowie für solche, die beruflich mit schwer Kranken und Sterbenden zu tun hatten. Ihr Beispiel hat bereits Schule gemacht. Es sollten jedoch noch viel mehr Menschen, die Dienste an Kranken und Sterbenden leisten, mit dieser umfassenderen Hilfe vertraut gemacht werden, denn leider krankt ihre Ausbildung an diesem Mangel. In unseren Krankenhäusern macht sich heutzutage viel zu viel gedankenlose Routine breit. Die moderne Krankenhaustechnik kann die für Kranke und Sterbende so wichtige menschliche Zuwendung nicht ersetzen.
Es gibt wenige Kliniken und Altersheime, in denen das Sterben menschlicher gestaltet wird und Ärzte und Personal sich ihrer Aufgabe mit großer Liebe widmen. Ein schwer Kranker oder Sterbender braucht einen verständnisvollen Gesprächspartner,

Die Erfahrungsberichte

der Zeit für ihn hat und ihn nicht allein lässt. Die moderne Hospiz-Bewegung ist hier ein ermutigendes Zeichen.
Der durch Maschinen und Apparate erreichte medizinische Fortschritt ist – aus geistiger Sicht – ohnehin nicht sehr groß. So ist es für die Sterbenden nicht gut, sondern schädlich, wenn ihr Leben künstlich verlängert wird, sei es durch Medikamente oder Apparate. Wenn die Seele schon so weit vom Körper gelöst ist, dass für sie kein Rückweg mehr besteht, so leidet sie sehr, wenn das letzte Loslösen verhindert wird. Sie ist gefangen in einem Zwischenzustand und kann weder vor noch zurück. Nur geistig sehr weit entwickelte Menschen überstehen dies unbeschadet. Um solch unnötige und schädliche künstliche Lebensverlängerung zu vermeiden, gibt es ein so genanntes Patienten-Testament, in dem der Patient seinen behandelnden Ärzten mitteilt, was er in dieser Situation wünscht oder nicht wünscht. Ein möglicher Entwurf des Patienten-Testamentes ist erhältlich beim Verlag Klaus Vahle, Eisenacher Str. 76, 10823 Berlin. Er kann darin auch festlegen, ob er Organe spenden will oder nicht. Die Organverpflanzung stellt sich aus geistiger Sicht anders dar als aus materieller. Ein Herz oder eine Niere ist eben nicht nur ein Klumpen Fleisch. Jedes Organ ist imprägniert vom Spender, sodass es fraglich ist, ob es nicht besser gewesen wäre, sich heimrufen zu lassen, als dieses Fremde mit zu übernehmen. Für die Seele des Spenders ist die Entnahme eines Organs sehr schmerzlich, denn wenn sie auch ausgezogen ist aus dem Leib, so hat sie mit ihm doch noch einen sehr starken Zusammenhang, der sich erst nach Tagen, Wochen oder gar Monaten löst, je nach dem Grad der geistigen Entwicklung. So enthält der Empfänger zugleich mit dem Organ die Schmerzen, die Angst und die Trauer, welche die Seele seines Spenders bei der Entnahme empfand. Etwas anders liegt die Sache, wenn ein Elternteil für ein Kind oder ein Familienmitglied für Bruder oder Schwester spendet. Hier ist es eine freiwillige Opfer- und Liebes-

tat des Spenders. Ob beim Empfänger tatsächlich eine Verbesserung oder Lebensverlängerung eintritt, hängt jedoch von seinem Karma ab. Auch eine Leichenöffnung ist unangenehm für die Seele eines Verstorbenen, weil sie noch eng mit dem Körper verbunden ist.
Ebenso schlecht wie eine künstliche Lebensverlängerung ist allerdings auch eine künstliche Lebensverkürzung. Kein noch so großes Mitleid und keine noch so tiefe Liebe sollten einen Arzt oder Angehörigen dazu verleiten, ein Leben verkürzendes Medikament zu verabreichen. Den Zeitpunkt des Übertritts in die jenseitige Welt bestimmt allein Gott, und wenn Er einem Menschen Leiden auferlegt, so braucht dieser solche Vorbereitung zum Sterben. Die aktive Sterbehilfe kann ihn ja nur von seinem Leib befreien, nicht aber von den seelischen Schwierigkeiten, die das Leiden schufen und die der Sterbende nun ins Jenseits mitnehmen muss. Lindern darf ein Arzt, so weit es seine Mittel erlauben, aber eine Verkürzung oder ein Abbrechen des Leidens steht ihm nicht zu. Wenn er dagegen seine Liebe in Mitgefühl und Teilnahme am Schicksal seiner Patienten und ihrer Leiden ausdrückt, indem er ihnen Trost und seelischen Beistand schenkt, wann immer sie ihn benötigen, so zeigt er sich als wahrer Freund und Helfer. Nur Gott darf den Menschen von seinen Leiden erlösen, denn Er allein gab ihm den Körper als Gefäß der Seele.
Das Gleiche gilt auch für das Einschläfern unserer Freunde aus dem Tierreich. Auch ihr Leben und Schicksal liegt in Gottes Hand. Der Mensch, der sie liebt, sollte sich aufs Helfen und Trösten beschränken und ihrer Seele nicht den Schmerz zufügen, direkt oder indirekt durch ihren menschlichen Freund sterben zu müssen, ehe ihre Lebenszeit zu Ende ist. Tiere haben telepathische Fähigkeiten und wissen weit mehr, als ihre Betreuer ahnen. Dies rückt auch die Tierversuche in ein ganz anderes Licht. Es kann der Menschheit keinen Segen bringen,

Die Erfahrungsberichte

wenn sie sich mehr Lebensqualität zu erkaufen versucht durch eine endlose Kette von Qualen und Leiden der ihr anvertrauten Tiere.

Der Tod gehört in unser Leben hinein, und wir sollten uns der Tatsache, dass wir früher oder später sterben müssen, bewusst sein und diesen Gedanken weder beiseite schieben noch verdrängen, sondern wir sollten uns ihm stellen. Auch mit Kindern empfiehlt es sich, offen darüber zu reden, indem man ihnen sagt, dass Sterben dem Einschlafen ähnelt und kein Grund besteht, sich davor zu fürchten, weil wir ja nur ein feineres, lichteres Gewand bekommen und in diesem weiterleben.

Eheleute oder andere sich nahe stehende Menschen sollten freimütig über das Sterben reden – und das bereits in gesunden Tagen. Sie sollten dem Gesprächspartner aufmerksam zuhören und ihn sich aussprechen lassen; denn es ist wichtig für beide und hilft, Ängste zu überwinden und damit Leben und Sterben zu meistern. Ganz besonders wichtig jedoch ist das Gespräch mit schwer Kranken oder Sterbenden. Oft wissen die Angehörigen eines unheilbar Kranken oder Sterbenden nicht, ob sie ihm die Wahrheit über seinen Zustand sagen sollen. Es kommt häufig vor, dass beide Teile Bescheid wissen und, anstatt dieses Wissen miteinander zu tragen, allein leiden und meinen, dem geliebten Menschen einen Gefallen zu tun. Man sollte es wenigstens versuchen, über einen bevorstehenden Abschied zu sprechen, denn auch das Abschiednehmen, so bitter es ist, gehört zum Leben.

Ein Mensch sollte Abschied nehmen dürfen von denen, die ihm lieb und teuer waren. Niemand sollte sich diesem Wunsch entziehen, sondern der scheidenden Seele Lebewohl sagen und sie der Liebe Gottes empfehlen. Tröstlich ist, dass sich das heute so häufige einsame Sterben aus geistiger Sicht ganz anders zeigt. Kein Mensch ist beim Sterben allein, er ist umgeben von helfenden Engeln und vorangegangenen Angehörigen, die gekommen sind, um ihm den Weg in die jenseitige Welt zu weisen. Auch Tiere haben ihre geistigen Helfer und sterben nie allein.

Die Betreuung von Kranken und Sterbenden

Gute Nacht, ihr meine Freunde,
alle meine Lieben,
alle, die ihr um mich weint,
lasst euch nicht betrüben!

Diesen Abstieg, den ich tu'
in die Erde nieder –
seht, die Sonne geht zur Ruh',
kommt doch morgen wieder.

Ernst Moritz Arndt

Vor langer Zeit, als die Menschen noch in Harmonie mit Gott waren, gab es keine Krankheit. Alle lebten in Eintracht mit sich selbst und mit den anderen. Doch dann kam die Zwietracht in die Welt und mit ihr Krankheit, Not und Tod.
Der irdische Leib wird krank durch Disharmonie der Seele und die Seele wird krank durch Disharmonie des Geistes. Wer Krankheit heilen will, der muss die Harmonie des Paradieses wiederherstellen. Deshalb ist geistige Heilung so wirkungsvoll, weil sie die Schwingungen der Organe und Körperteile normalisiert und damit harmonisiert.
Manche Krankheiten erwirbt sich der Mensch durch eigene Schuld in diesem Leben, andere sind die Folge einer Schuld aus

Die Erfahrungsberichte

früheren Verkörperungen. Die Ursache der Krankheit ist immer in einer Disharmonie der Seele zu suchen. Darum erzielen Heilweisen wie Homöopathie, Aura-Soma und Bach-Blütentherapie oft so gute Erfolge.
Bei der Heilung durch Handauflegen kennt man zwei Arten: Bei der einen gibt der Heiler einen Teil seines eigenen Magnetismus an den Kranken ab, was zu dessen Vitalisierung und damit zur Harmonisierung seiner durch Krankheit gestörten Schwingungsfelder führen kann. Bei der anderen Art stellt der Heiler durch Gebet eine Verbindung zu Gott her und wirkt so als Kanal, durch den die göttlichen Heilungskräfte zu dem Kranken fließen. Auf diese Art können Spontanheilungen, auch von schweren Krankheiten, erzielt werden. Es kann jedoch auch sein, dass stattdessen eine schrittweise Heilung oder auch nur eine Linderung eintritt, je nachdem wie es das Karma des Kranken erlaubt und wie tief er seinen Wunsch nach Heilung mit dem Wunsch nach Sündenvergebung verbindet.
Auf letztere Art kann fast jeder Mensch, der guten Willens ist, lindern oder heilen. Wenn er solch eine Hilfe bei seinen Angehörigen, Kindern oder Tieren versucht, sollte er nach einem intensiven Gebet seine Hände auf die kranke Körperstelle legen oder in einigen Zentimetern Abstand darüber halten und dabei vielleicht das von einer mit Heilkräften begabten Frau überlieferte Gebet sprechen:

„Ewiger Gott und Vater, Urkraftquell!
Ströme, fließe, lindere, heile
um Jesu Christi willen! Amen."

Dadurch ist es in Gottes Hände gelegt, ob Er lindern oder heilen will. Die Heilungsbehandlung mit vorausgegangenem Gebet kann bei schwer Kranken alle 2 bis 3 Stunden wiederholt werden, bei leichteren Fällen und bei chronisch Kranken ungefähr

Die Betreuung von Kranken und Sterbenden

2 bis 3 Mal in der Woche. Auf die gleiche Art kann auch eine Fernbehandlung durchgeführt werden, indem der Heilende die ganze Heilbehandlung in Gedanken vollzieht.

Falsch kann eine geistige Behandlung niemals sein, auch nicht bei einem Sterbenden, denn sie verlängert keineswegs sein Leiden. Ist ihm eine Linderung oder Heilung nicht bestimmt, so verhelfen ihm die Heilungskräfte zu einem leichteren, sanfteren Tod, als er ihn ohne diese Hilfe gehabt hätte. Beim Bittgebet um Heilung für einen Kranken sollte am Schluss immer gebetet werden: *„Aber nicht mein, sondern Dein Wille geschehe!"*

Kommt es zum Sterben, so können Angehörige oder Pfleger dem Kranken mancherlei Hilfe leisten. Sie sollten den Sterbenden nicht allein lassen – es sei denn, er wünsche dies selbst –, ruhig bleiben, mit ihm oder für ihn leise singen oder beten, mit ihm reden oder ihn reden lassen. Ein Streicheln der Wange, ein sanftes Berühren des Armes, ein zeitweiliges Halten der Hand empfinden die meisten Sterbenden als angenehm. Man sollte jedoch vermeiden, ihnen über Stirn und Scheitel zu streichen, denn dies kann großen Schmerz auslösen, weil man das Stirn- und Scheitel-Chakra und die Spirale dabei berührt.

Ein etwaiges Schuld- oder Sündenbekenntnis sollte man nicht als übertrieben oder unnötig abtun, sondern man sollte den Sterbenden dazu ermutigen und ihn auf Christus hinweisen. Auch Einsicht in letzter Minute kann noch zur Sündenvergebung führen. Sehr hilfreich ist hier das Abendmahl. Mancher Todkranke ist durch Beichte und Versöhnungsmahl wieder gesund geworden, weil dadurch die Ursache seiner Krankheit beseitigt wurde. In der letzten Ölung, die bei Katholiken vorgenommen wird, bittet der Priester Gott um Vergebung der Sünden, die durch die fünf Sinnesorgane hervorgerufen wurden. Deshalb salbt er sie mit heiligem Öl. Die Letzte Ölung kann, im Gegensatz zum Abendmahl, auch einem schon Bewusstlosen erteilt werden.

Die Erfahrungsberichte

Das Sterben hat sehr viel Ähnlichkeit mit dem Einschlafen. Beim Schläfer bildet sich aus Äthermaterie ein silbrig leuchtendes ätherisches Band, die so genannte Silberschnur, die aus der linken Seite des Körpers als Lichtspirale austritt. Beim Sterbenden tritt die Lichtspirale ebenfalls aus. Wie das Kind mit der Mutter durch die Nabelschnur verbunden ist, so ist der Astralleib durch die Silberschnur verknüpft mit dem irdischen Leib. Nach der Geburt in die irdische Welt wird die Nabelschnur durchtrennt. Bei der Geburt in die geistige Welt, also beim Sterben, reißt die Silberschnur. Der Sterbende begibt sich in einer bestimmten Phase des Sterbevorgangs auf Astralwanderung, ist dabei aber durch die Silberschnur noch in Verbindung mit dem physischen Leib. Er kann Verwandten und Freunden erscheinen oder sich auf andere Weise bemerkbar machen. Im Krieg geschah das sehr häufig, man nennt diesen Vorgang das „Abmelden".

Manche sterbenden Menschen – auch Tiere – stoßen unmittelbar vor Eintritt des Todes einen lauten Schrei aus. Dies ist kein Schmerzens- oder Entsetzensschrei, sondern der Geburtsschrei, der den Übertritt in die jenseitige Welt anzeigt. Auch vom gekreuzigten Jesus von Nazareth heißt es in Mark. 15, 37: *„Aber Jesus schrie laut und verschied."*

Das Sterben selbst ist nicht schmerzhaft, wie viele Menschen, die nach Herzstillstand wiederbelebt, also reanimiert wurden, berichteten. Sie erzählten fast alle übereinstimmend von Lichterscheinungen und von dem herrlichen Gefühl der Befreiung und Schwerelosigkeit. Vielen begegneten freundliche Lichtwesen, die sie begleiteten und die ihnen Erklärungen gaben. Auch verstorbene Verwandte und Freunde wurden von manchen gesehen. Die meisten wiederbelebten Menschen kehrten nur ungern aus dieser Lichtwelt zurück auf die Erde. Reanimierte erzählen auch, dass sie ihr ganzes Leben rückwärts abrollen sahen, wie in einem Film, und dass sie erkannten, welche Taten gut und welche schlecht waren. Nach dieser tiefgreifenden Erfahrung änderten die meisten von ihnen ihr Leben von Grund auf. Sie hatten nun die Gewissheit dafür, dass nach dem Tode nicht alles aus ist, sich die Seele vielmehr auch nach dem Sterben ihrer selbst bewusst ist und weiterlebt.

Viele Menschen halten einen raschen Tod, etwa durch Herzschlag, für angenehm. Dies ist jedoch gar nicht so wünschenswert, denn nur geistig Fortgeschrittene überstehen ein plötzliches Herausreißen aus dem Leben ohne Schwierigkeiten. Deshalb ist es so wichtig, sich in gesunden Tagen schon mit den Gegebenheiten von Sterben und Tod zu befassen. Keiner weiß ja in der heutigen Zeit, ob ihn nicht ein plötzlicher Unfalltod oder Herzinfarkt ereilen wird.

Darum: Stirb vor dem Sterben!

Der Vorgang des Sterbens

Wohin können wir denn sterben, wenn nicht in immer höheres, größeres Leben hinein!

Christian Morgenstern

Führungsgeister sind Verstorbene, die dem Menschen, den sie betreuen, entweder in diesem, meistens aber in einem früheren Leben nahe standen und die schon ein wenig weiter fortgeschritten sind als er. Es sind geistig verwandte Seelen, die den noch Eingekörperten helfen. Ihre leise Stimme ist das Gewissen, das heißt, die Menschen empfinden alle Helfer, die im Dienste Gottes stehen, als ihr Gewissen, bis sie selbst ganz klar erkennen, was Gut und Böse ist.

Einen geistigen Führer erhält eine Seele, wenn sie fähig gewor-

Die Erfahrungsberichte

den ist, auf Gott zu hören, in dessen Dienst die geistigen Führer stehen. Er durchleuchtet sie mit Seinem Licht und gibt ihnen von Seinem Licht so viel, wie aufgenommen werden kann.
Führungsgeist und geistiger Führer können, je nach Fortschreiten der betreuten Seele, auch wechseln, wenn es notwendig erscheint. Die Verbindung der Liebe aber bleibt, denn im Jenseits gibt es keine Trennung.
Ein Meister betreut mehrere Seelen, die den gleichen Weg gehen, und ist ihre direkte Verbindung zu Gott. Auch er arbeitet im Auftrag Gottes. Anfänglich wirkt er durch Intuition, später durch Inspiration und schließlich durch direkten Verkehr mit seinen Schülern. Verkehr mit Meistern haben nur Gott schon tiefer verstehende Seelen, welche die nötigen Voraussetzungen dafür mitbringen, wie Lauterkeit, Klarheit, Bescheidenheit und Demut – und große Liebe zu Gott und allen Seinen Geschöpfen.
Falsche Meister dagegen gibt es viele. Der größte Meister ist Christus. Seine Stimme der Liebe kann jeder Mensch hören, wenn er nur will und Christus einlässt in sein Herz. Seine Stimme ist leise, aber wer anfängt, sie zu hören, dessen ganzes Leben ändert sich nach und nach, bis der Christus-Geist ganz und gar sein Herz erfüllt und alles, was nicht von Gott ist, von ihm abfällt. Wenn ein Mensch in früheren Leben genügend Einsichten und Erkenntnisse gesammelt hat, so kann er in Sekundenschnelle sein ganzes Leben in den Dienst seines Heilandes stellen, und aus einem Sünder kann ein Gottesmensch werden, wie es von Paulus berichtet wird.
Jeder Mensch hat einen Schutzengel, der ihn durch sämtliche Leben begleitet und dessen Stärke mit der Entwicklung des Menschen wächst. Je durchlichteter der Mensch, desto stärker der Schutzengel, desto hörbarer seine Warnungen und Mahnungen, Gott nicht zu vergessen.
Die Sterbestunde eines Menschen ist in seinem Karma nur ungefähr festgelegt. Sein Verhalten bestimmt nun den genauen

Zeitpunkt. Gott kann aus Gnade sein Leben verlängern oder abkürzen, und Er handelt dabei wie ein liebender Vater, der denjenigen Zeitpunkt wählt, der für Sein Kind am günstigsten ist. Kann es noch etwas lernen, so verlängert Er das Leben. Hat es schneller gelernt als vorgesehen, so kann Er die Leidenszeit abkürzen. Manchmal holt Er es auch schneller heim, aus Gnade, weil es – bei vorheriger guter Führung – im Begriff ist, am Schluss noch einen entscheidenden Fehler zu begehen, vor dem Er es bewahren will. Bei schlechter Führung freilich überlässt Er das Kind seinem Schicksal und das Gesetz von Ursache und Wirkung tritt in Kraft.

Einige Zeit vor dem Gott und Seinen Helfern bekannten geplanten Heimholungstag eines Menschen – der Zeitraum schwankt zwischen einigen Monaten und einigen Jahren – wird zu ihm der Engel des Todes gesandt, der ihn berührt. Die Seele fühlt einen kühlen Hauch und erschauert, denn der Engel hat eine Luft um sich, die sich fremd und erschreckend atmet für einen Lebenden. Die meisten Menschen fühlen diesen Hauch, verdrängen ihn aber ins Unterbewusstsein, während er einigen anderen ins physische Bewusstsein dringt. Von dieser Berührung an hat der Mensch den „Weg des Todes" betreten. Dies kann bedeuten, dass bei ihm eine Krankheit beginnt, die mehr oder weniger schnell zum Tode führt, eine chronische Krankheit in ein Gefahr bringendes Stadium übergeht oder sein Karma hinführt zu einem plötzlichen Tod, etwa durch Unfall. Auch hier hat der Engel des Todes schon lange vorher den Menschen berührt. Wie lange der Mensch auf dem „Weg des Todes" bleibt, hängt – wie oben beschrieben – von seinem Verhalten und von der Gnade Gottes ab.

Der Engel besucht diesen Menschen von Zeit zu Zeit und mahnt ihn durch seine stille Gegenwart, Unwichtiges hinter sich zu lassen und sich dem Wesentlichen zuzuwenden.

Manche Sensitive sehen hinter einem Menschen, der sich auf

Die Erfahrungsberichte

diesem Weg befindet, den Engel des Todes stehen, eine majestätische Gestalt, verhüllt von einem schwarzen Mantel, umgeben von überirdischem Glanz, erschreckend zuerst, dann Ruhe ausstrahlend und Gelassenheit.
Außer dem „Engel des Todes" kommt noch ein anderer Wegbereiter, ein Engel von wunderbarer Kraft und Schönheit.
Dieser Engel erscheint in der Gestalt eines jungen Mannes. Sein Gewand ist weiß oder farbig, je nach Anlass, immer aber blitzen darauf die herrlichsten Edelsteine. Er hat nichts Erschreckendes an sich, sondern strahlt Ruhe und Gelassenheit aus und gibt ein Gefühl der Geborgenheit. Sensitive erkennen ihn, doch den meisten Menschen bleibt er verborgen.
Der Engel wird nun der ständige Begleiter des Menschen, der auf die Heimholung vorbereitet wird. Er wirkt auf die Seele ein, damit sie sich bemüht, Fehler einzusehen und zu berichtigen, schlummernde Tugenden zu wecken und als Knospen vorhandene gute Eigenschaften zur Entfaltung zu bringen. Auch Angehörige beeinflusst er dahingehend, dass sie Aggressionen gegen den Scheidenden abbauen, Nachsicht ihm gegenüber entwickeln und ihre Liebe zu ihm verstärken.
Betreut von diesen Helfern, geht der Mensch nun einen langen oder kurzen „Weg des Todes". Ist er seinem Ziel schon ziemlich nahe gekommen, so besuchen ihn vorausgegangene Angehörige, Freunde und Bekannte negativer und positiver Art. Die Ersteren versuchen, ihn zum Schluss noch zu verführen, die Letzteren verheißen ihm Himmelswonnen, wenn er treu bleibt. Bei Menschen, die kein gutes Leben führten, erscheinen die Negativen als bunt schillernde Versucher, die Positiven aber als stille Mahner zur jetzt noch möglichen Umkehr.
Ungefähr drei Tage vor der Sterbestunde tritt der Engel des Todes hinter den Menschen und bleibt an diesem Platz. Nun kommen drei weitere Engel hinzu:
Der eine beginnt die fest gefügten Bande zwischen Leib und

Insel geistigen Erwachens

Die Erfahrungsberichte

Seele zu lösen, der andere bereitet die Seele auf ihre Reise vor, indem er ihr von Zeit zu Zeit „Jenseits-Luft" zu atmen gibt, um sich daran zu gewöhnen. Der Dritte befähigt den Geist, über die Seele auf den Menschen einzuwirken, damit er Sündenerkenntnis erlangt und Vergebung erbittet. Menschen, deren Seele sich dem Mahnen des Geistes verschließt, nehmen ihre unvergebenen Sünden als schwere Bürde mit ins Jenseits.
Diese drei Engel stehen jedem Menschen – auch dem schlimmsten Sünder – zur Verfügung. Ob er sie als Rächer oder Tröster empfindet, hängt von seinem Verhalten im Leben und von seinem sich daraus ergebenden Seelenzustand ab. Am Sterbetag verstärkt der erste Engel das Lösen von Leib und Seele. Wenn sich in der Wolke über dem sterbenden physischen Körper der Astralleib gebildet hat, nimmt ihn der Todesengel in seine Arme und hebt ihn empor in die geistige Welt. Die Silberschnur reißt, der Tod tritt ein. Der schwarze Mantel ist von den Schultern des Todesengels geglitten. Er steht da im weißen Kleid, ein strahlender Engel Gottes, die Seele in seinen Armen haltend, wie eine Mutter ihr Kind. So schreitet er durch das Tor des Todes in die jenseitige Welt. Dort lässt er die Seele zu Boden gleiten, übergibt sie einem anderen Engel und kehrt zurück auf den irdischen Plan.
Eilen vorausgegangene Angehörige und Freunde zum Empfang herbei, so beschränkt sich der Engel auf ein gütiges Kraftspenden. Der Verstorbene bleibt unter seiner Obhut, während ihn seine Lieben einführen in die geistige Welt. Später kommt noch ein Engel hinzu, und diese beiden Engel begleiten die Seele in diejenige geistige Ebene, von der sich die Seele angezogen fühlt aufgrund ihrer eigenen Beschaffenheit. So sind es sieben Himmelswesen, welche der Seele dienen auf ihrem Weg von der diesseitigen in die jenseitige Welt.

Die Liebe aber bleibt

*Einmal wird ein Ende
der Irrfahrt sein.
Müdgewordne Hände
zieh'n die Segel ein.*

*Leise ruft der Rufer
allen Sturm zur Ruh.
Einem anderen Ufer
treibt der Nachen zu.*

*Und die vor mir gingen
schauen nach mir aus,
um mich heimzubringen
in mein Vaterhaus.*

*Wortlos knie ich nieder
in den Silbersand:
Nimm mich, nimm mich wieder,
seliges Sonnenland!*

Manfred Kyber

Wenn ein Mensch stirbt, tritt seine Seele ein in eine wunderbare Welt aus Licht und Farbe, die Angehörigen aber bleiben zurück auf der Erde mit all ihren Dunkelheiten. Niemand sollte verurteilt werden, der jetzt weint oder klagt. Auch ein Mensch, dem das Weiterleben nach dem Tode eine Gewissheit ist, empfindet den Schmerz der Trennung. Er sollte ihn nicht unterdrücken, denn ins Unterbewusstsein verdrängte schmerzliche Gefühle können zu einem späteren Zeitpunkt zu seelischen Störungen führen,

Die Erfahrungsberichte

deren Ursache dann nur schwer zu ergründen ist. Dem Verstorbenen schadet es nicht, wenn seine Lieben in der Stunde des Abschieds um ihn weinen. Schmerzlich wird es für ihn erst dann, wenn das Weinen und Klagen kein Ende nehmen will und sich über einen allzu langen Zeitraum hin fortsetzt. Dies hindert ihn auf seinem Weg, wie es in dem Märchen vom Tränenkrüglein so anschaulich geschildert wird. Für die Verstorbenen ist es eine große Freude, zu spüren, dass wir um ihr Weiterleben wissen.
Sehr wichtig ist es auch, für die Heimgegangenen zu beten. Ein Vaterunser, ein Gebet für Verstorbene oder ein freies Gebet ist für sie eine große Wohltat und echte Hilfe. Selbst wenn sie so gute Menschen waren, dass sie gar keiner Hilfe bedürfen, was recht selten ist, freuen sie sich doch über das liebevolle Gedenken, welches sie über das Gebet erreicht.
Für Menschen, die ein sehr schlechtes Leben geführt haben, sollte man allerdings nur ein ganz kurzes Gebet sprechen, etwa so: *„Jesus Christus, ich übergebe dir den ... in deine Gnade. Amen."* Betet man mehr, so kann dadurch eine nicht wünschenswerte negative Verbindung zu dem Verstorbenen hergestellt werden, der sich ja durch seine negativen Taten in einem wenig glücklichen Zustand befindet. Christus allein weiß, welche Art von Hilfe diese arme Seele benötigt, denn Er ist ja auch für sie am Kreuz gestorben.
Etwas anderes ist es, wenn durch das Gebet eine ungewollte Verbindung zu einem Verstorbenen hergestellt wird, der sich durch seine guten Taten in einem guten Zustand befindet. Dies kann eine positive Erfahrung sein. Beglückend ist es auch, wenn solch ein Verstorbener seinen Angehörigen erscheint oder sich auf eine andere Weise bemerkbar macht, etwa indem sein Schritt gehört, eine Berührung, ein Streicheln oder ein Kuss gespürt wird. Solch ein Sich-Melden kann eine Warnung, eine Mahnung, eine Hilfe, eine Zustimmung oder einfach nur ein Liebesbeweis sein und die Mitteilung: *„Ich lebe – nur mein*

abgelegtes Erdenkleid ruht im Grab!" Deshalb ist es auch nicht nötig, ständig das Grab zu besuchen. Gebete und Gedanken der Liebe stellen eine viel bessere Verbindung her, nämlich die zur unsterblichen Seele. Allerdings fühlen manche Angehörigen am Grabe die Nähe des Verstorbenen besonders stark oder sie vernehmen dort seine Stimme. Ihnen freilich bringt der Besuch des Grabes großen Trost.

Auch Tiere können ihren menschlichen Freunden erscheinen oder sich auf eine für sie typische Art bemerkbar machen, denn auch ihre Seele lebt weiter nach dem Tod. Kinder und Tiere können die Erscheinung Verstorbener und anderer nicht eingekörperter Wesen leichter sehen als Erwachsene. Bei ihnen haben sich die „Himmelsaugen" noch nicht geschlossen, was bei Kindern etwa mit dem 7. Lebensjahr geschieht.

In frühen Kulturen war diese Gabe zahlreichen Menschen zu Eigen. Mit dem Fortschreiten auf dem geistigen Pfad werden sich die „Himmelsaugen" wieder mehr Menschen öffnen, und Gott wird ihnen Seine Gnadengaben schenken, wenn nicht schon in diesem, dann in einem anderen Leben, wenn sie die nötige Reife dafür erworben haben.

Für Hinterbliebene, die ihre Trauer nur schwer überwinden können, ist es oft eine große Hilfe, wenn sie sich aufmachen, anderen beizustehen, sei es, dass sie versuchen, Menschen mit gleichem Schmerz ihr Leid tragen zu helfen, oder sei es, dass sie sich eines einsamen alten Menschen, eines liebearm aufwachsenden Kindes oder eines verlassenen Tieres annehmen. Vor allem aber sollte man sich um die übrigen Familienmitglieder kümmern, die vielleicht ebenso leiden, und den Rat Wilhelm Raabes berücksichtigen: *„Wir sollen die Liebe, die wir den Toten mit ins Grab geben, nicht den Lebenden entziehen."* Manchmal lässt sich die schmerzliche Leere, die durch den Tod des geliebten Menschen entstand, auch dadurch ausfüllen, dass

Die Erfahrungsberichte

man etwas tut, wozu bisher die Zeit fehlte, indem man zum Beispiel eine vergessene Liebhaberei wieder aufnimmt oder eine lang ersehnte Tätigkeit nun endlich beginnt.

Gewarnt werden muss vor einer Kontaktaufnahme mit Verstorbenen über den Spiritismus. Meist ist es gar nicht der erwartete Verstorbene, der sich zeigt, sondern ein Geist der Täuschung und der Lüge, der sich mit dessen abgelegter Hülle, dem Ätherkörper, umgibt und seine Stimme annimmt. Ein Verstorbener, der in den Himmelswelten weilt, ist ohnehin auf diese Art nicht zu erreichen. Der Spiritismus birgt, mögen Medium und Zirkelleiter auch seriös sein und sich um Ehrlichkeit bemühen, große Gefahren in sich, deren kleinste es ist, einer Täuschung anheim zu fallen. Im Extremfall kann durch die Teilnahme an einer einzigen spiritistischen Sitzung eine ungewollte Verbindung zu einem niederen Geistwesen hergestellt werden, die der Betroffene nicht mehr zu lösen vermag.

Selbstverständlich gibt es medial veranlagte Menschen, Seher und Sensitive, auch Schreibmedien, die gewollt oder ungewollt nicht nur mit ihren eigenen, sondern auch mit fremden Verstorbenen in Kontakt kommen. Gewollte Kontaktsuche geschieht dadurch, dass der Sensitive mit den Angehörigen über den Verstorbenen spricht, was diesen anzieht, worauf er von dem Sensitiven, manchmal auch zugleich von den Angehörigen, wahrgenommen werden kann. Auf diese Art kann man mit einem Verstorbenen verkehren, ohne Schaden zu nehmen.

Beim ungewollten Kontakt meldet sich ein Verstorbener bei dem Sensitiven, der sich im Kreise Gleichgesinnter befindet. Oft wird der Besucher von mehreren Personen wahrgenommen. Es kann sein, dass von ihm gesprochen wurde, wodurch er sich angezogen fühlte, oder er war auf der Suche nach jemandem, bei dem er sich bemerkbar machen könnte, weil er Hilfe brauchte. Letzteres ist oft der Fall, wenn sich ein Verstorbener bei dem Sensitiven zu einem Zeitpunkt meldet, wo dieser allein ist. Viele

Verstorbene kommen Hilfe suchend zu Sehern und Sensitiven, bitten um Gebete oder Seelenmessen, legen Beichten ab oder suchen Hilfe bei der nachträglichen Aufdeckung ihres Vergehens oder bei der Wiedergutmachung an den Geschädigten. Auch geben sie Verstecke von Dokumenten und Wertsachen an, deren Auffindung für die Angehörigen wichtig ist.
Gelegentlich zeigen sich auch Verstorbene in der Form eines Gespenstes. Hierbei handelt es sich um unglückliche arme Seelen, die auf Grund ihrer schlechten Taten noch an die Erde gebunden sind und deren Ätherleib sich noch nicht aufgelöst hat. Dieser Ätherleib, die abgelegte Hülle oder Larve, kann auch von Geistern der Lüge und Täuschung zu negativen Zwecken benutzt werden. Man schützt sich gegen solche ungebetenen Gäste, indem man Gottes Hilfe anruft oder das Kreuz Christi zwischen sich und die Erscheinung stellt. Der Auferstandene ist stärker als alle Wesen der Finsternis!
Eine ungefährliche Art der Kontaktaufnahme ist es, im Gebet darum zu bitten, der geliebte Verstorbene möge einem im Traum erscheinen. Meist wird diese Bitte gewährt und es findet eine echte Begegnung zwischen dem Astralleib des Schlafenden und dem Verstorbenen statt, auch wenn der Träumer sich am Morgen nicht daran erinnert.

Erlebnisse mit Verstorbenen

Wie Gras auf dem Felde sind Menschen dahin wie Blätter.
Nur wenige Tage geh'n wir verkleidet einher.
Der Adler besuchet die Erde, doch säumt nicht,
schüttelt vom Hügel den Staub
und kehret zur Sonne zurück.

Matthias Claudius

Die Erfahrungsberichte

Ein großes und ergreifendes Erlebnis ist es für einen Sensitiven, dem Begräbnis eines Menschen beizuwohnen, der bewusst Gott diente. Beerdigungen können ein lichtvolles Abschiedsfest für den Heimgegangenen sein. Zwei Beispiele seien hier berichtet, an die sich zwei weitere Erlebnisse mit Verstorbenen anschließen.

Robert – ein katholisches Begräbnis

Robert war der jüngste Sohn einer mit uns befreundeten Familie und kam mit sechzehn Jahren durch einen Verkehrsunfall ums Leben.

Beim Trauergottesdienst in der Kirche stand der große, weiß gekleidete Engel dieser Gemeinde an der Wand hinter dem Altar, den ganzen Raum überblickend. Robert befand sich zwischen Haupt- und Marien-Altar, etwas näher bei diesem. Er sah frisch und gesund aus und trug ein weißes Kleid, knielang und ärmellos, in der Art eines griechischen Gewandes, mit einer doppelten Borte aus silbrigem Grün an Ausschnitt und Saum. Er verharrte einige Zeit dort und setzte sich dann zu seiner Mutter.

Als der Pfarrer für ihn betete, stand Robert unter einem Bogen aus Blütenranken. Engel entkleideten und wuschen ihn. Ich dachte: *„Wozu? Er hat doch schon ein weißes Kleid!"* Die Engel aber hüllten ihn in ein langes, blendend weißes Festgewand mit weiten Ärmeln. Es schien dicht an dicht mit glitzernden weißen Edelsteinen besetzt zu sein, die das überaus helle Licht, das ihn umgab, gleißend widerspiegelten. Über ihm und rings um ihn her musizierten und jubilierten viele Engel aus Freude über seine Aufnahme. Es war eine herrliche Musik und ein unbeschreiblich schöner Anblick.

Bei der wunderbaren Melodie, die bei der Kollekte gespielt wurde, gingen mehrere Engel zum Altar und stellten sich in geordneten Gruppen auf. Als die Ministranten die Glöckchen

läuteten, wurde beide Male eine sehr starke Kraft wirksam, die ich jedoch mehr fühlte als sah. Während der Wandlung stand die symbolische Gestalt des Christus über dem Altar. Beim Austeilen berührten Seine Hände die Hostie und segneten den Kommunizierenden. Alle, die sich vor dem Altar aufhielten, waren eingehüllt von einem goldfarbenen Hauch.
Bei der Aussegnung in der Kapelle stand Robert über seinem Sarg. Er trug ein hellgraues Büßergewand und war sehr ernst. Bei der Bitte um Sündenvergebung kniete er nieder und beugte sich zur Erde. Nach Erteilung der Absolution war er wieder in sein weißes Festgewand gekleidet. Die große, hohe Kapelle war bis unters Dach erfüllt mit den Gestalten Verstorbener.
Als der Sarg hinausgetragen wurde, schritt Robert ihm voraus. Draußen wechselte er den Platz und ging mit seinen Eltern hinter dem Sarg her.
Auf dem Friedhof stand er dort am Grab, wo die Kränze und Blumen lagen. Die Christus-Gestalt wartete in einiger Entfernung hinter ihm. Später kam sie auf ihn zu und nahm ihn wie ein Kind in ihre Arme. Am Schluss stellte Er Robert vor sich und stützte ihn leicht an den Unterarmen. Robert war ganz von Licht umgeben, das um seinen Kopf eine Strahlenkrone bildete.
Das Schicksal Roberts ist charakterisiert durch eine Fülle bemerkenswerter Details, die es verdienen, gesondert erwähnt zu werden. Ich kannte Robert schon als Baby, denn damals begann meine Freundschaft mit seiner Mutter. Er stand meinem Herzen von Anfang an so nahe wie ein eigenes Kind. Als mein Mann 1972 gestorben war, sagte der damals vierjährige Junge kurz danach empört zu seiner Mutter: *„Mama, du hast mich angelogen! Der Kare (Karl) hat doch zwei Beine!"* Er hatte meinen beinamputierten Mann geistig gesehen und festgestellt, dass er nun wieder beide Beine hatte.
Robert interessierte sich schon sehr früh für Gespräche über alle Jenseitsfragen, die ich mit seiner Mutter führte. Entweder er

Die Erfahrungsberichte

tauchte plötzlich bei uns auf und war nicht zu vertreiben, oder er machte „lange Ohren", wenn wir miteinander telefonierten. Er war ein intelligenter, stets zu Späßen aufgelegter, fröhlicher Junge.

Im Alter von noch nicht ganz fünfzehn Jahren erkrankte Robert an einem Sarkom (bösartige Bindegewebsgeschwulst) am Bein. Bis dahin war er noch nie allein von zu Hause fort gewesen. Nun kam er in eine viele Kilometer entfernte Krebsklinik, wurde dort operiert und chemotherapeutisch behandelt. Dieses halbe Kind war von einer unvorstellbaren Tapferkeit und nahm die Begleiterscheinungen dieser Behandlung, wie ständige Übelkeit und Kahlköpfigkeit, ohne Klagen hin. Der hübsche Junge verwandelte sich nur äußerlich zu seinen Ungunsten, seine Seele aber reifte im Leiden.

Ich fühlte schon bei Beginn seiner Krankheit, dass er nicht mehr lange leben würde, und sprach per Telefon öfters mit ihm über seine Probleme. Der sensible Junge sah, dass immer wieder Leidensgefährten von ihm starben, und litt sehr darunter. Ich redete mit ihm auch über das Sterben. Jedes dieser Gespräche nahm er still und aufmerksam auf und war danach sehr viel ruhiger.

Nach Beendigung der Therapie wurde Robert aus dem Krankenhaus entlassen und fing an, Zukunftspläne zu machen. Er besuchte uns noch mit seinen Eltern. Wir zeigten ihm die Sterbebilder meines Vaters und erklärten ihm den Sterbevorgang. Kurze Zeit später erlitt er einen Unfall mit seinem Mofa und wurde klinisch tot ins Krankenhaus eingeliefert. Zwei Tage waren noch geringe Hirnströme messbar, dann erloschen sie. Er blieb jedoch trotzdem an die Herz-Lungen-Maschine angeschlossen.

Danach wurde mir erstmals ein geistiges Bild von Robert bewusst, und ich sah ihn Purzelbäume schlagen. *„Wie geht es dir,*

Robert?", fragte ich. *"Mir geht es gut"*, sagte er, *"aber meinen Schwanz habe ich noch."* Da sah ich, dass die Silberschnur sich noch nicht gelöst hatte. Er nahm sie in seine Hand und ließ sie fröhlich kreisen. *"Es ist so langweilig"*, stellte er dann fest.
Kurze Zeit später erfuhr ich, wie er sich die Langeweile vertrieb. Er besuchte seine Leidensgefährten in seinem feinstofflichen Körper und erklärte ihnen den Zustand, in dem sie waren, denn er wusste ja um das Sterbegeschehen.
So ließ es Gott zu, dass der Heimgang einer hellen Seele für viele zum Segen wurde. Nach achttägigem Krankenhausaufenthalt wurde Roberts Seele heimgerufen.

Dora – ein evangelisches Begräbnis

Dora, eine begabte Sensitive und gläubige Christin, war die geistige Lehrerin des Mediums Iduna Burghardt. Sie war eine große Tierfreundin, die sich oft für leidende Tiere einsetzte. Schon mit 14 Jahren wagte sie es, einem Fuhrknecht, der seine Pferde misshandelte, die Peitsche zu entreißen. Der Knecht wurde daraufhin von seinem Chef, der dies beobachtet hatte, entlassen, und die Pferde kamen in bessere Pflege. Sie sprach sich auch gegen Tierversuche aus, da sie auf geistigem Wege erfahren hatte, dass diese der leidenden Menschheit statt der erhofften Hilfe nur ein schweres Karma auferlegten. Iduna erlebte die Beerdigung der mit 68 Jahren Verstorbenen so:
Ich war unendlich traurig, denn ich wusste, wie sehr Dora mir fehlen würde. Weinend reihte ich mich hinter den nächsten Angehörigen in den Trauerzug ein. Da sah ich sie im weißen Kleid hinter ihrem Sarg hergehen.
Als wir zum Grab kamen, stellte sie sich mitten hinein in die vielen Kränze und Blumen, die neben dem Grab lagen. Nicht lange dauerte es, und es kamen Tiere in ihren geistigen Leibern, mehr und immer mehr. Um Dora herum war bald eine große

Die Erfahrungsberichte

bunte Schar von Katzen zu sehen. Eines ihrer verstorbenen Kätzchen, das ich gekannt hatte, saß ihr auf der Schulter, ein anderes hielt sie im Arm. Ihre einstigen Gänse schmiegten sich an sie und ihre Hühner mischten sich unter die Katzen. Im Hintergrund befanden sich Pferde und Kühe. Die Seite des Friedhofs, auf der keine Menschen standen, war bevölkert mit Tieren. Während der Grabrede des Pfarrers sah ich in einiger Entfernung hinter dem Grab die große, leuchtende Gestalt des auferstandenen Christus stehen. Hinter Dora bemerkte ich ihren geistigen Führer, der sich Felix nannte, in einer strahlend blitzenden Aura. Der Christus kam nun zum Grab und Felix nahm Dora bei der Hand. Sie knieten beide nieder vor der Christus-Gestalt und Felix gab die ihm anvertraute Seele zurück an ihren und seinen Meister. Die Christus-Erscheinung nahm sie auf und krönte sie mit der „Krone des Lebens". Felix stellte sich vor Dora, mit dem Gesicht zur Trauergemeinde, und der Christus hob Dora ein wenig hoch, damit sie über ihn hinwegschauen konnte. So standen die drei, von blitzenden Kaskaden weiß-goldenen Lichts umgeben, hinter dem offenen Grab.

Beim Trauergottesdienst in der Kirche sah ich den großen leuchtenden Engel dieser Gemeinde im weißen Gewand in einiger Entfernung hinter dem Altar stehen. Links und rechts von ihm erblickte ich mehrere weiß gekleidete Engel. Dora befand sich rechts vorne vor dem Altar. Über dem Altar schaute ich Christus in der Gestalt des Auferstandenen. Während der Pfarrer über sie sprach, trat sie vor den Altar. Sie trug ein talarähnliches Gewand in dunklem Lila mit breiten Goldborten an den langen Ärmeln und an den beiden Vorderkanten. Als sie sich bewegte, öffnete sich das Vorderteil, und darunter wurde ein fliederfarbenes Gewand sichtbar, auf das ein großes goldenes Kreuz gestickt war. Als der Pfarrer sich zum Erteilen des Segens vor den Altar begab, trat Dora vor ihn, mit dem Gesicht zur Gemeinde. Während er den Segen spendete, hob der hinter ihm stehende Christus ebenfalls segnend Seine Hände. Dora folgte ihm in dieser Bewegung. Aus den Händen der Christus-Gestalt flossen zwei starke Lichtströme zu dem segnenden Pfarrer und von ihm zu Dora. Von dort strömten sie in die Gemeinde hinein. Ich fühlte den Segen über mich ausgegossen wie eine belebende Kraft. So segnete Dora Abschied nehmend ihre Freunde und die Gemeinde, die ihr eine geistige Heimat gegeben hatte.

Ingo

Ingo, ein junger Verwandter von Iduna Burghardt, war ein Kind aus einer gescheiterten Ehe und starb mit sechzehn Jahren – von ihm unbeabsichtigt – beim Schnüffeln mit einer Überdosis Pattex.

Nicht nur das Schnüffeln, sondern jede Art von Sucht ist heute unter Jugendlichen, ja sogar schon unter Kindern, weit verbreitet. Die Ursache ist einerseits darin zu suchen, dass so vieles falsch ist in unserer heutigen Gesellschaft und dadurch eine große Unzufriedenheit und Leere entsteht. Andererseits spüren gerade die jungen Leute auch, dass wir in einer Zeit des Umbruchs und Aufbruchs leben. Sie wollen teilhaben an dem Neuen, das sie kommen fühlen, aber niemand lehrt sie, welch ein geduldiges Warten dazu nötig ist. Sie glauben, vorwärts stürmen zu müssen zu neuen Horizonten der Selbstverwirklichung und Bewusstseinserweiterung. Dies ist jedoch der falsche Weg. Nicht Drogen geben die rechte Bewusstseinserweiterung, denn diese muss von innen kommen, nicht von außen, und man kann sich nicht ungestraft etwas mit Gewalt nehmen, das erst zu einem späteren Zeitpunkt vorgesehen ist. Eine Bewusstseinserweiterung ohne die nötige Reife bringt nur Verwirrung. Wer also teilhaben will an dem heutigen geistigen

Die Erfahrungsberichte

Aufbruch, der bete darum, durch Menschen oder durch innere Erlebnisse eine Weisung zu bekommen, in welche Richtung er gehen soll. Die Wartezeit sollte er damit ausfüllen, an sich selbst zu arbeiten, nach dem Motto: Ich verändere die Welt – und fange bei mir selber an.

Ingo erschien meiner Freundin Iduna in der Nacht nach seinem Tode. Sie sah ihn hilflos in dichtem grauem Nebel stehen. Erst als sie mit ihm gebetet und ihm in ihrer Vorstellung ein Kreuz gereicht hatte, konnte er einen Weg aus diesem Nebel finden. In den folgenden Tagen sah sie ihn mehrmals und er erzählte ihr von seinen Schwierigkeiten, die er auch nach dem Tode mit seiner Sucht hatte.

Im nachstehenden Bericht schildert Ingo ganz klar, dass seine Sucht mit seinem Tode nicht aufgehört hat. Bei allen anderen Suchtarten ist es ebenso. Der süchtig Gestorbene hat seine Sucht mit ins Jenseits genommen. Er befindet sich auf einer der unteren Astral-Ebenen, je nachdem ob er noch ganz unwissend oder schon etwas einsichtig ist. Im Fegefeuer muss er die Sucht überwinden. Erst wenn er diesen Schritt vollzogen hat, kann er jene Sphäre verlassen und weiter fortschreiten.
In einer neuen Wiederverkörperung wird dieser Mensch allerdings in eine ähnliche Situation geführt werden, um die im Jenseits erworbenen Erkenntnisse im Diesseits in die Praxis umzusetzen.
Nun Ingos Bericht:
Zuerst war es ganz schön auf meinem Trip. Ich schwebte so ein bisschen und sah farbige Lichter. Aber dann wurde es auf einmal ganz hässlich und ich bekam große Angst. Es entstand ein blutroter Wirbel mit Schwarz und Giftgrün, der zog mich in sich hinein. Ich konnte nichts dagegen machen. Es waren lauter Ecken und spitze Pfeile, die drangen auf mich ein, und dazu

hörte ich ein Gewirr der schrecklichsten und schrillsten Töne. Es war, als wenn ich in tausend Fetzen gerissen würde. Das war furchtbar, und ich war außer mir vor Angst und Entsetzen. Es dauerte für mich eine Ewigkeit, dann fühlte ich allmählich nur noch eine dumpfe Verzweiflung. Um mich war alles grau, und langsam trieb ich auf ein schwarzes Loch zu, das mich in sich hineinzog. Voll Angst und Entsetzen fand ich mich in einem schwarzen Tunnel, durch den es mich unaufhörlich trieb. Die Luft war feucht und heiß und ich glaubte zu ersticken. Als es endlich so aussah, als ob ich aus dem Tunnel herauskäme, weil es ein wenig heller und die Luft besser wurde, da wurde ich gepackt und zurückgezogen durch den Tunnel.

Auf einmal wusste ich, dass ich fast gestorben war und selbst schuld wäre. Zudem erkannte ich es als ein großes Unrecht. Ich sah meine Mutter, wie sie ganz weit entfernt die Hände nach mir ausstreckte und weinte. Ich wollte so gerne zu ihr, aber es ging nicht. Ein großer Drachen versperrte mir den Weg. Ich kämpfte mit ihm, aber ich konnte ihn nicht besiegen. Da wurde ich von zwei Seiten von vielen Händen gepackt, die einen wollten mich herausziehen aus dem Tunnel und die anderen hinein. Es war schrecklich!

Aber jene, die mich hineinzogen, waren stärker, und die anderen mussten loslassen. Es zog mich mit großer Geschwindigkeit in den Tunnel zurück. Dann kam eine Schwelle aus hohen roten Flammen. Ich wurde hineingestoßen und fiel auf der anderen Seite auf mein Gesicht. Ich war voller Angst und Entsetzen. Da aber hoben mich sanfte Hände auf und eine liebe Stimme sagte: *„Es ist vorbei! Du kannst jetzt aufstehen!"* Schwankend stand ich auf und sah, wie es langsam hell wurde. Da kam meine verstorbene Großmutter auf mich zu sowie andere Leute, Kinder, Männer und Frauen. Meine Großmutter nahm mich in die Arme und ich weinte. Dann gab sie mich frei und ein schöner Mann in einem glänzenden weißen Kleid ging auf mich zu.

Die Erfahrungsberichte

„Du kommst zu früh", sagte er, „aber ich will dir trotzdem helfen."
Er nahm mich bei der Hand und führte mich zu einem schwarzen Wasser. Die anderen folgten uns. Er stieg mit mir in einen Kahn und brachte mich ans jenseitige Ufer, die anderen blieben zurück. Dort war alles bloß Sand, mit ganz wenigen grauen Gräsern. Der Mann im weißen Kleid ließ mich auf einen Stein sitzen und sagte, weiter könne er mir nicht helfen, ich müsste selbst den Weg finden. Dann ging er fort.
Es war aber kein Weg zu sehen, nur kalter, grauer Nebel. Nach ein paar Schritten wusste ich nicht mehr, wo ich war. Ich war voll Angst und ganz allein. Wohin ich griff, wohin ich wollte, alles war leer und kalt.
Nach langer Zeit kam ein kleines Licht auf mich zu. Das warst du, liebe Iduna. Erst als du mit mir gebetet und mir das Kreuz in die Hand gegeben hattest, konnte ich den Weg finden. Nach langem, mühsamem Wandern kam ich zu einem kleinen grauen Haus, in einer grauschwarzen Gegend. Darin befand sich ein grauer Mann. Er sagte mir, ich sei gestorben. Ich könne aber ein paar Tage bei ihm bleiben. Er erklärte mir, wie großes Unrecht ich getan hätte, weil ich meinen Körper zerstörte durch das Schnüffeln. Der Körper wäre nicht mein Eigentum, sondern Gottes gewesen. Ich war sehr erschrocken und traurig. Er sagte, wenn ich wollte, könnte ich lernen, wie man es besser macht.
Ich wollte, und er brachte mich zu einem anderen Haus in einer öden grauen Gegend, mit wenigen dunklen Bäumen. Dort traf ich einen freundlichen Mann mit einem hellen Kleid. Er sagte, es würde mühsam sein für mich, aber ich dürfte es versuchen. Der Mann zeigte mir eine Steinbank in einer Mauernische, wo ich schlafen sollte. Wenn ich wach sei, sollte ich in den Saal kommen. Ich konnte aber nicht schlafen und versuchte wieder zu schnüffeln, weil ich traurig war. Es ging aber nicht und ich litt große Qualen. So schlich ich später ganz müde und kaputt in den Saal. Dort hielten sich schon vier andere Jungen auf. Es war

Erlebnisse mit Verstorbenen

eine Schule und der helle Mann unser Lehrer. Die anderen jammerten auch alle, es ginge ihnen so schlecht, denn sie waren alle süchtig. Nun sollten wir lernen, damit fertig zu werden. Unser Lehrer war lieb und geduldig, aber es war sehr schwer auszuhalten. Es gleiche einer Entziehungskur auf der Erde, sagte er, und wir müssten lernen, ohne Schnüffeln auszukommen. Das will ich auch, aber es ist sehr mühsam und wird lange dauern, bis es besser wird.

Soweit Ingos Bericht. Zum besseren Verständnis hier die Erklärung einiger Symbole:
Der „blutrote Wirbel" ist ein Symbol für die Todesgefahr, in welche dieser Trip Ingo brachte. Das schwarze Loch ist die beginnende Bewusstlosigkeit. Der „schwarze Tunnel" wird von Astral-Wanderern häufig erlebt. Es ist der irdische Körper, durch den der Astral-Leib sich hindurcharbeiten muss, ehe er austritt. Der Kampf mit dem „Drachen" ist ein Stück rückerlebtes Leben. Die Mutter hatte Ingo beim Schnüffeln ertappt und gewarnt. Aber der Drache „versperrt ihm den Weg" – er kann seine Sucht nicht überwinden. In seiner Todesstunde erkennt er jedoch sein Unrecht.
Das „Gezogenwerden nach zwei Seiten" ist der Wiederbelebungsversuch. Die „Schwelle" trennt Diesseits und Jenseits, es ist die „Schwelle des Todes", die man in vielen Sterbeberichten findet.
Die „hohen roten Flammen" symbolisieren die negativen Kräfte, denen er im Leben wie im Tode ausgeliefert war.
Das „schwarze Wasser" trennt den Ort, an dem Ingo von hilfreichen Verstorbenen empfangen wurde, von dem Ort, an den er aufgrund seines Fehlverhaltens im Leben gebracht wird. Dort gibt es nur „Sand und wenige graue Gräser". Es ist ein gemäßigter Ort der Finsternis.
Dass Ingo im „Nebel" steht, bedeutet, dass er im Leben die

Die Erfahrungsberichte

Orientierung verloren hatte. Die Droge hatte ihn „eingenebelt". Das Kreuz kann er von Iduna annehmen, obwohl er nicht mehr an Gott glaubt, weil ihm als Kind das Beten gelehrt worden ist. Jetzt findet er den Weg zu dem „Mann im grauen Kleid", der, wenngleich ein Helfer, kein helles Kleid tragen kann. Es würde an diesem Ort nur blenden und Furcht erregen.
Durch Ingos Einsicht kann er in eine „Gegend" gebracht werden, die zwar noch grau ist, aber immerhin schon Bäume hat und in welcher der Helfer ein helles Kleid tragen kann.
Die „Schule" mit der „Entziehungskur" ist Ingos Fegefeuer.

Heidrun

Heidrun war eine Verwandte von mir. Sie war schon als Kind etwas schwierig, weil sie ein schweres Karma mitbrachte. Das machte sie empfindlich und anspruchsvoll. Im Heranwachsen wurde sie immer trotziger und unzufriedener mit dem, was ihre Familie ihr bieten konnte. So ging sie schon früh aus dem Elternhaus. In einem fremden Land versuchte sie, ihr Glück auf einer Lüge aufzubauen, was scheiterte. Sie wurde immer unglücklicher und nahm sich schließlich durch Schlaftabletten das Leben, im Alter von 39 Jahren.
Sie sagte mir über ihr Sterben: *„Es war schrecklich, es zog mich in ein schwarzes Loch. Ich hatte furchtbare Angst, konnte aber nicht zurück. Es zog und zog mich mit Gewalt hinein und ich wachte im Dunkel auf."*

Den nachfolgenden Bericht von ihren Erfahrungen im Jenseits gab sie Iduna zehn Jahre nach ihrem Tod:
Als mein Vater gestorben war, wollte ich nicht mehr leben. Es war ja schon vorher in mir alles so tot und leer, und nun hielt mich gar nichts mehr. Ich wartete einen günstigen Zeitpunkt ab, und dann tat ich es. Ich glaubte nicht an ein Weiterleben nach

dem Tode, und ich wollte einschlafen und nie wieder aufwachen. Ein bisschen gebetet habe ich dann aber doch kurz zuvor. Ich sagte: *„Wenn es dich gibt, Gott, dann sei mir gnädig!"* Das war das Letzte, was ich weiß.
Dann bin ich aufgewacht und es war alles voll roter Flammen. Sie züngelten vom Boden hoch, und es sah auch ein wenig aus wie Schlangen, wenn sie sich aufrichten. Sie waren überall, wohin ich meinen Fuß auch setzen wollte. Ich wusste nicht, wohin ich gehen sollte, und musste doch weiter, das wusste ich ganz genau. Ich hatte so vieles falsch gemacht, aber dies musste ich richtig machen. Aber da war nirgends ein freier Platz, auf den ich meinen Fuß setzen konnte, und so blieb ich einfach stehen. Da aber schlugen die Flammen über mir zusammen und hüllten mich ganz ein. *„Ach, es sind ja doch Schlangen!"*, dachte ich und bekam schreckliche Angst. Ich fing zu laufen an, und da fielen sie ein wenig ab von mir, aber ich lief weiter, bis ich an ein Wasser kam, in das stürzte ich mich hinein. Es war kein schönes Wasser, es war schmutzig und lauwarm. Es erfrischte nicht und es trug auch nicht gut. Obwohl ich sonst gut schwimmen konnte, kam ich kaum vorwärts. Schließlich erreichte ich einen glatten grauen Felsen, der etwas aus dem Wasser ragte. Darauf ließ ich mich erschöpft nieder.
Ich schaute über das Wasser und sah nahe am Ufer ein Schiff versinken. Das machte mich sehr traurig, denn ich wusste nun: Das Schiff bin ich, und ich hätte es nicht tun dürfen, nie und niemals, ganz gleich, wie schlecht es mir ging. Ich hätte lernen müssen, die schreckliche Leere auszufüllen oder mit ihr zu leben. Nun sah ich das Schiff versinken und konnte nichts dagegen tun. Ich wäre gerne hingegangen, aber ich konnte nicht zurück durch das Wasser, durch das ich gekommen war, und am anderen Ufer standen meine Eltern. Mein Vater streckte die Arme nach mir aus und meine Mutter weinte. Ich musste zuschauen, wie das Schiff langsam versank, und konnte es nicht verhindern.

Die Erfahrungsberichte

Nun sah ich alles aus meinem Leben, vom letzten Tag an bis in meine früheste Kindheit. Ich erkannte, wie viel ich falsch gemacht hatte. Ich erlebte all die Situationen noch einmal und sah, wie ich hätte handeln sollen, damit es richtig gewesen wäre. Ich erkannte, wie sehr meine Eltern und meine Schwester mich geliebt hatten, und ich hatte immer geglaubt, sie liebten mich nicht genug. Ja, sogar mein Mann liebte mich auf seine Weise, ich konnte es nur nicht erkennen. Aber ich war egoistisch und stolz auf die falsche Art. Ich wollte immer mehr, als die anderen geben konnten. Ich aber fühlte mich benachteiligt, wurde trotzig und machte alles falsch. Doch nicht die anderen waren schuld, sondern ich selber, ich ganz allein! Da warf ich mich auf den Felsen und weinte und weinte – und unterdessen versank mein Schiff. Um mich wurde alles grau und ich wusste nichts mehr. Plötzlich berührte mich jemand an der Schulter und sagte: *„Hier kannst du nicht bleiben. Steh auf und geh, es ist jetzt an der Zeit für dich, du hast es so gewollt!"* Er nahm mich bei der Hand und führte mich über das Wasser an ein graues felsiges Land. „Hier musst du bleiben", sagte er, „bis dich ein anderer holen kommt!" – „Aber was soll ich denn hier!?", rief ich aus. „Hier ist doch alles nackter, grauer Fels!" – „Baue dir Blumen", sprach er, „so ist es nicht mehr leer!" – „Aber ich habe doch keinen Samen!", rief ich verzweifelt. „Wer soll mir denn welchen geben?" – „Besinne dich nur", meinte er. „Du weißt es!"

Zum ersten Mal lächelte er ein wenig, und jetzt erst sah ich, wie schön er war. Er trug ein silbergraues Kleid, und um ihn war ein zarter goldener Schimmer. Sein Haar war blond und weich, und sein Gesicht leuchtete in großer Güte. „Ach, bleibe bei mir!", rief ich, da er sich zum Gehen wandte. Er aber sagte: „Nein, das geht nicht, denn du hast es so gewollt!" Eine Zeit lang sah ich ihn noch über das Wasser gehen, ein lichter Schein im Nebelgrau. Dann entschwand er meinen Blicken.

Ich warf mich auf den nackten Fels und weinte und weinte. Ich

Erlebnisse mit Verstorbenen

war allein, allein, und alles war noch leerer als zuvor, als ich noch lebte. Ich war allein auf einer Insel und niemand würde mich befreien. Ich legte mich hin, um zu sterben, aber ich starb nicht. Es regnete, es schneite, ich wurde nass und wieder trocken, doch ich starb nicht. Da sah ich ein, dass nichts mich töten konnte. Ich setzte mich auf einen Fels und dachte nach, wie es der Leuchtende gesagt hatte, und auf einmal wusste ich es: „Herr, gib mir Samen!", betete ich. „Herr, hilf mir! Ach, ich bin ja so allein!" Ich hob meine Hände – und siehe da, ein paar kleine Samen fielen hinein.
Ich verwahrte sie sorgsam und scharrte mit meinen Händen die wenige Erde zusammen, die es dort gab. Ich säte den Samen und begoss ihn mit meinen Tränen. Bald wuchsen kleine Pflanzen hervor, die trugen winzige weiße Blüten. Ich hegte und pflegte sie und zum ersten Mal empfand ich eine kleine Freude. Doch ich war immer noch allein.
„Herr", betete ich, „ich bin ja so allein auf meiner Insel. Bitte hilf mir doch aus meiner Not!" Da schickte Er mir einen Bären und zwei Gänse. Der Bär trottete auf mich zu und brummte gutmütig. Ich vergrub meine Hände in sein zottiges Fell und lehnte mich an ihn. Ich war nicht mehr so allein. Die Gänse flogen auf mich zu und schnatterten, dass ich über ihren Eifer lächeln musste.
Auf der einen Seite meiner Insel wuchs nun Gras für meine Gänse und ich hütete sie mit Fleiß und Freude. Sie aber erzählten mir von Gott, denn sie seien Seine Boten.
Der Bär aber wurde mein Gefährte, und ich teilte mit ihm alle Speise, die ich jeden Tag in einer Felsennische fand. Abends lagen wir zusammen an einem Feuer, das ich nun entfachen konnte, seit ich nicht mehr nur mich selber liebte. Wir sprachen über viele Dinge, und ich lernte von dem Bären und der Bär lernte von mir. Er ist mein „verzauberter Königssohn".
So ging das lange Zeit. Doch eines Tages kam ein Engel, der

Die Erfahrungsberichte

---

sagte: „Heidrun, willst du mehr als Bären pflegen und Gänse hüten?" – „Ja, ja!", rief ich. „Aber meinen lieben Bären und meine lieben Gänse möchte ich behalten!" – „Komm und sieh!", sprach der Engel. Da sah ich ein Schifflein auf den wilden Wasserwogen, ein winzig kleines Boot, und darin eine arme Seele. Ich eilte hinab an den Strand und fing sie auf in meinen Armen, da der Sturm sie auf die Insel schleuderte. Sie war wie ich, als ich auf die Insel kam. Ich führte sie auf eine einsame Klippe und überließ sie dem Regen und dem Wind. Aber täglich schaute ich nach ihr, und als sie sich endlich regte, hob ich sie auf und zeigte ihr mein Land. Ich lehrte sie, um Samen zu beten und ihr kleines Gärtlein zu pflanzen, wie ich es tat. Dann brachte sie der Engel zu ihrer eigenen Insel, aber ich betreue sie immer noch dort und helfe ihr, wenn sie nicht weiß, wie es weitergehen muss. Ich kann das besser als sie, denn ich habe einen kostbaren Schatz mitbekommen aus meinem Elternhaus. Man lehrte mich, wer Gott ist, und dass wir Seine Kinder werden sollten. Ich aber verwarf diesen Schatz und streute ihn mit Hohn und Spott in alle Winde. Doch er blieb mein Eigentum, und langsam, so wie ich mit der Hilfe meines Bären, meiner Gänse und meines Engels Erkenntnis gewinne, kommt der Schatz zurück zu mir. Eines Tages werde ich die Krone auch zurückgewinnen, die für mich bereitet ist von Gott. Dann wird mein Engel mich führen in ein neues Land, wo immerdar die Sonne scheint. Ich aber will Ausschau halten nach armen Seelen, die meiner Hilfe bedürfen und meines Rates. So will ich Gott danken für die große Gnade, denn er hat mich nicht verworfen, als ich Ihn verachtete und Seine Liebe mit Füßen trat. Dafür will ich Ihm nun dienen immerdar.

Dies war Heidruns Bericht, dem ich die Erklärung der Symbole hinzufüge:
Die „großen Flammen", die sich zeitweilig in „Schlangen" ver-

Metamorphose

Die Erfahrungsberichte

wandeln, sind die negativen Kräfte und Verführermächte, denen sie im Leben erlegen war. Vor den sie bedrohenden Schlangen flüchtet sie sich in ein Wasser, das „schmutzig und lauwarm" ist. Das sind ihre Lügen und ihre Unentschiedenheit in wesentlichen Fragen.

Der „Fels", Symbol der Festigkeit, ist der Gegenpol zum bewegten Wasser, aber auch ein Sinnbild für die Treue Gottes. Trotz ihrer Untreue kann sie sich auf ihm niederlassen.

Was sie von dort aus sieht und nicht verhindern kann, ist ein Stück „Hölle", ausgelöst durch ihren Selbstmord.

Auf diesem Fels ruhend, kommt ihr aber auch die so notwendige Sündenerkenntnis, welche die Vorbedingung dafür ist, dass ihr nun ein helfender Engel gesandt werden kann, der an diesem Ort ein silbergraues Kleid trägt, kein weißes.

Bei dem „grauen felsigen Land" hat der Fels eine negative Bedeutung: Sie hat sich verhärtet gegen Gott. Heidrun ist hier auf ihre „Seeleninsel" gekommen. Sie hat sich im Diesseits nichts Geistiges aufgebaut und findet deshalb im Jenseits nur grauen, nackten Fels vor.

Die „Blumen" sind ein Symbol der Hingabe und Demut. Heidrun mangelt es an beidem.

Das „Alleinsein auf einer Insel" ist die höchste Steigerung der Einsamkeit, der Heidrun durch ihren Freitod doch entfliehen wollte. Es gibt aber kein Davonlaufen vor solchen Seelenzuständen. Getötet wird ja nur der Leib, also das Kleid. Dieses ist es aber nicht, welches leidet und Schmerz empfindet, sondern die darin befindliche Individualität. Diese ist unsterblich und kann nicht getötet werden, wie Heidrun nach einem neuerlichen Versuch erkennt. Andere Selbstmörder wiederholen ständig die Art ihres Selbstmordes, in der Meinung, es müsse doch endlich einmal gelingen; denn sie sind sich nicht bewusst, dass sie bereits tot sind.

Der „Samen" ist ein Sinnbild der Fülle der noch unentwickelten

Möglichkeiten. Wenn die Pflanzen „winzige weiße Blüten" tragen, so ist ein erster bescheidener Erfolg da.
Der „Bär" ist ein Symbol der dumpfen Leidenschaften, die hinabziehen und dem Irdischen verhaften. Wenn er aber bewusst zum Gefährten gemacht und gut behandelt wird, kommt der Königssohn zum Vorschein, der Herrscher, und damit beherrscht die Seele ihre Leidenschaften.
Die „Gänse" sind unsere Sinne, die so schwer zu hüten sind. Betreut die Seele sie aber liebevoll, so werden sie zu Götterboten, zu Mittlern zwischen Himmel und Erde, denn durch die Sinne erleben wir die Welt und in ihr Gott.
Die „Speisen" für Mensch und Tier „wachsen von selbst". Wenn Gott eine Aufgabe stellt, gibt er auch das Werkzeug dazu.
Die „Krone des Lebens" erhält die Seele bei ihrer Vollendung. Die Gänse, die richtig gehüteten Sinne, werden zu geliebten „Schwestern". Das „neue Land" ist das schöne Sommerland.

Heidruns Insel-Erlebnis ist anfänglich Hölle, wenn auch nicht der tiefste „Ort der Qual", und später Fegefeuer.

Wie wichtig es ist, für Selbstmörder zu beten, zeigte sich bei Heidrun. Als ich sie aufforderte, mit mir das Vaterunser zu beten, konnte sie das zuerst nur unvollständig. Sie war nicht fähig zu sagen: *„Dein Wille geschehe"* oder *„vergib uns unsere Schuld, wie auch wir vergeben unseren Schuldigern"* sowie *„und führe uns nicht in Versuchung, sondern erlöse uns von dem Bösen"*.
Diese Erfahrung machte ich auch bei anderen „armen Seelen", die ich bat, das Vaterunser mit mir zu beten. Ich sprach diese Worte dann bewusst für sie noch einmal aus, und nach und nach war der Verstorbene dann selbst fähig, das Vaterunser zu beten. Jeder gläubige Mensch sollte für Verstorbene das Vaterunser sprechen und es gerade für Selbstmörder über lange Zeit hinaus wiederholen. Er zündet ihnen damit ein kleines Licht

Die Erfahrungsberichte

an, das durch die Wiederholung dieses Gebetes, das Christus uns schenkte, immer heller wird und ihnen hilft, den Weg ins Licht zu finden.

Stätten der Finsternis

Aber Gott wird meine Seele erlösen
aus der Hölle Gewalt;
denn Er hat mich angenommen.

Ps. 49, 16

Menschen, die den Weg der selbst gewählten und bewussten Gottesferne gingen, haben es besonders schwer nach ihrem Tod. Sie stürzen hinab in die unterste Hölle, die tiefste Finsternis, den schlimmsten Ort der Qual. Dort werden sie gepeinigt von ihren selbst erschaffenen Dämonen und von den zu Wesenheiten gewordenen Süchten und Begierden.
Dämonen sind Kräfte aus der Macht des Bösen. Unpersönliche Dämonen besitzen keine klare Gestalt, ein Dasein von begrenzter Dauer und kehren in das Dunkel zurück, aus dem sie gerufen wurden. Persönliche Dämonen werden bewusst hergestellt von schwarz-magisch arbeitenden Menschen, um deren dunklen Machenschaften zu dienen. Sie werden gestaltet je nach dem Zweck ihrer Verwendung.
So werden mitunter Naturgeister mit einem unpersönlichen Dämon verbunden, und so wird aus beiden ein persönlicher Dämon geboren. Dies sind dann die so genannten negativen Naturgeister, die bösen Zwerge, die bösen Berg-, Moor- oder Wassergeister, denn die Natur als solche ist weder gut noch böse. Solche mental erzeugten Wesen sind der Sturmgeist-

Dämon auf dem Bild von der Feuersbrunst in Dresden und einige der Feuergeister.
Es gibt außer den Feuergeistern auch Naturgeister der Erde, des Wassers und der Luft. Sie wirken in der feinstofflichen Essenz dieser Elemente. Es sind gute und hilfreiche Wesen, solange sie nicht von Menschen missbraucht und verdorben werden.
Wenn eine Seele, die im Leben bewusst gegen Gott gehandelt hat, nach ihrem Tode durch ihr schweres Leiden zu ein wenig Einsicht gelangt, so erhält sie unverzüglich Hilfe. Die Helfer Gottes, Engel und fortgeschrittene Seelen, durchstreifen immer wieder alle Orte der Finsternis, um Büßer zu finden, in denen ein Funke von Einsicht zu glühen beginnt. Sie helfen ihnen, diesen Funken zu entfachen und ein kleines Stück aufzusteigen an einen etwas weniger düsteren Ort.
Sobald die Seele dort wieder etwas Einsicht und Erkenntnis ihrer Schuld gewonnen hat, kann sie von den Helfern ein Stück weitergeführt werden. So vermag auch der größte Sünder allmählich aufzusteigen, denn Gottes Gnade und Barmherzigkeit ist allumfassend.

Es kommt vereinzelt vor, dass eine büßende Seele, die sich im Leben schwerer Vergehen schuldig gemacht hatte, eine vorzeitige Verkörperung zu erzwingen versucht. Aus den tiefsten Sphären heraus ist dies nicht möglich, aber aus dem Übergang zum Fegefeuer.
Diese Seele kann ihren Begierden nicht mehr frönen, weil dazu ein irdischer Leib nötig ist. Sie wird aber ständig zur Befriedigung ihrer Laster gedrängt. Nun kann sie, was häufig geschieht, den Körper eines Lebenden benutzen, der den gleichen Lastern anhängt, und sich so befriedigen.
Sie kann aber auch einen neuen Körper suchen. Da sie ein Ahnen davon hat, wie schrecklich lange es dauern würde, wenn sie alle Stufen bis zur Himmelswelt und zurück durchlaufen

müsste, weil ein Weitergehen ja nur der Seele möglich ist, die ihre Fehler einsieht, wird sie von Panik ergriffen und sucht, wo sich eine Seele einkörpern will. Gelingt es ihr, sich einzudrängen und anzuhängen, so wird dieses Kind von Geburt an besessen sein. Allerdings ist das Eindringen nur dann möglich, wenn die sich verkörpernde Seele in einem früheren Leben zusammen mit dem Eindringling karmische Schuld auf sich geladen hat. Sie büßt so ihre Sünde ab, deshalb lässt Gott es zu.

Besessenheit kann jedoch nicht nur bei der Geburt, sondern in jedem Lebensalter eintreten. Krankheit, Schock oder Hysterie sind dabei nur der äußere Anlass. Viel gewichtiger ist der geistige Hintergrund. Es ist immer eine karmische Verflechtung, wenn Derartiges geschieht.

Bei dämonischer Besessenheit hat der Betroffene sich in früheren Leben Dämonen von langer Lebensdauer als Diener erschaffen. Da alles Böse auf den Urheber zurückfällt, spielen sich die einstigen Diener nun als Herren auf.

Bei Besessenheit durch erdgebundene Verstorbene liegt ebenfalls eine karmische Schuld des Betroffenen vor. In früheren Leben hat er durch schwarzmagische Arbeit die Geschlossenheit seiner Aura zerstört. In diesem Leben kommt er zwar mit geschlossener und dadurch unangreifbarer Aura zur Welt, es ist jedoch so etwas wie eine Narbe vorhanden. Wenn er nun aufgrund seines Karmas und seiner immer noch vorhandenen Schwäche für das Negative erneut mit schwarzmagischen Praktiken in Berührung kommt, reißt seine Aura an der Narbe auf und eine erdgebundene Seele kann eindringen. Dies ist immer jemand, den er in einem früheren Leben schwer geschädigt hatte.

Stellt sich Besessenheit bei Kindern ein, so ist dies auch stets ein von ihnen selbst verschuldetes Karma.

Die schwarze Magie tarnt sich mit vielen Masken und sehr verschieden kann die Ursache für einen Kontakt mit ihr sein:

Eine Hypnose-Behandlung, die Behandlung durch einen Heiler, der nicht dem Licht, sondern der Finsternis dient, die Teilnahme an einer spiritistischen Sitzung, das Tragen eines als Amulett oder Glücksbringer angepriesenen Schmuckes, das Ausprobieren von Rezepten für persönlichen Erfolg oder zur Erlangung von Reichtum oder Ähnliches.
Mit Medikamenten oder psychiatrischer Behandlung ist Besessenheit nicht zu heilen. Hiermit können lediglich die Auswirkungen gemildert werden. Es gibt jedoch von Gott zu dieser Aufgabe berufene Heiler und Priester. Ihre Behandlung kann allerdings nur dann Erfolg haben, wenn das Karma des Kranken sich durch seine Leiden verbessert hat und ein weiterer Ausgleich nicht mehr nötig ist.

Geistige Ebenen

In meines Vaters Hause sind viele Wohnungen.
Wenn es nicht so wäre, so wollte ich zu euch sagen:
Ich gehe hin, euch die Stätte zu bereiten.

Und wenn ich hingehe, euch die Stätte zu bereiten,
so will ich wiederkommen und euch zu mir nehmen,
auf dass ihr seid, wo ich bin.

Joh. 14, 2 + 3

Hölle, Fegefeuer und Sommerland sind Bereiche der Astralebene, die, wie alle anderen geistigen Ebenen, sieben Stufen besitzt, deren jede nochmals in sieben Stufen unterteilt ist.
Das Sommerland oder Paradies nennt man auch das Land der erfüllten Wünsche, weil dort jeder Gedanke sich als der ge-

dachte Gegenstand materialisiert. Das Märchen vom Schlaraffenland beschreibt eine der unteren Ebenen des Sommerlandes. Im Schlaraffenland werden die primitiven Wünsche nach gutem Essen und Trinken erfüllt. Auf den höheren Ebenen geht es um schöne Gärten, schöne Gebäude oder edlere Werte. Es ist eine idealisierte Erdenlandschaft, die von Menschen und Tieren bewohnt wird.
Die unteren Ebenen unterscheiden sich nur wenig von der Erde. Die Menschen gehen denselben Tätigkeiten nach wie im Leben, aber ohne Existenzsorgen. Sie üben denselben oder aber ihren Traumberuf aus, an dessen Ausübung sie auf Erden verhindert waren. Wer im Leben von einem Haus mit Garten träumte, wird im Sommerland ein allerliebstes Häuschen inmitten eines blühenden Gartens bewohnen. Wer griechische Tempel und Rosen liebte, der lebt in einem rosenumrankten Tempel. All dies entsteht durch die Gedankenkraft der Bewohner und kann nach Wunsch von ihnen jederzeit verändert werden. Wenn in den unteren Ebenen die Blumen noch gewohnheitsmäßig aus gedachten Samen gezogen werden, so werden in den höheren Ebenen gleich die fertigen Blüten geformt. Auch die Gemeinschaftsgebäude werden durch Gedankenkraft erstellt und ausgestattet. Auf den unteren Ebenen geschieht die Verständigung untereinander wie üblich durch die Sprache, in höheren Ebenen durch Gedankenübertragung.
Die Seelen gehen in Schulen, Versammlungsräume und Kirchen und finden dort Belehrung und Erbauung durch Menschen, die schon weiter entwickelt sind, sowie durch Engel. So findet auch dort eine Weiterentwicklung statt, wobei gute Schüler schneller aufsteigen als säumige.
Die Kleider der Bewohner entstehen durch Gedankenkraft, ganz nach ihren persönlichen Wünschen, deshalb kann man alles sehen, vom griechischen Gewand bis zur fantasievollen Modeschöpfung. Oft trägt die Seele dasjenige Kleid, das sie im

Geistige Ebenen

Leben am meisten liebte, oder, falls der Besuch eines Angehörigen stattfindet, jene Kleidung, die diesem am besten vertraut war.
Essen und Trinken spielt auf den unteren Ebenen noch eine wichtige Rolle, auf den höheren ist es ein leichtes Nippen an den Speisen und schließlich nur noch ein Genießen des Duftes. Liebe gibt es auch im Sommerland. Auf den niederen Ebenen findet der auf Erden übliche Geschlechtsakt statt, auf den höheren ist es ein sanftes Zusammengleiten in Form einer innigen Umarmung mit einem zeitweisen Verschmelzen der liebenden Seelen.
Auf der höchsten Stufe des Sommerlandes werden die auf Erden gepflegten Ideale weiterentwickelt. Von geistig höherstehenden Wesen belehrt und unterstützt, vervollkommnet sich die Seele auch charakterlich, gewinnt Einsichten über ihre Fehler und Schwächen und beginnt damit, sich zu bessern. Hat sie darin den dort erwünschten höchsten Grad erreicht, so kann sie weitergeführt werden auf die unterste Stufe der Gedankenwelt, auch Mental-Ebene genannt.
Dies ist der „untere Himmel", die „Himmelswelt", das „Tor zum Devachan". Es ist die Welt der Gedanken und Vorstellungen, die höchste Fülle der Formen. Hier leben die Seelen in einem entwickelteren Gottesbewusstsein und beschäftigen sich mit hohen Idealen. Die Tätigkeit der Seelen beschränkt sich auf Gebet, Meditation und Gespräche, die der Weiterentwicklung dienen. Auch hier wirken geistig vollendete Menschen und Engel als Lehrer und Helfer.
Tiere gibt es auch hier, nur bei weitem nicht in so großer Anzahl wie auf der Erde. Das erklärt sich daher, dass nur sehr hoch entwickelte Tierseelen bis in diese Himmelswelt aufzusteigen vermögen. Tiere gehen einen Entwicklungsweg, welcher dem der Menschen sehr ähnlich ist.
Christus weilt meist in der Gestalt des Jesus von Nazareth auf

Die Erfahrungsberichte

dieser Ebene, begleitet von seiner Mutter Maria und den Jüngern. Er wirkt jedoch auch als kosmischer Christus.
Hat eine Seele die höchste Stufe der Himmelswelt erreicht, wird sie von Christus und Seinen Engeln hinübergeleitet in die kausale Himmelswelt, auch Devachan genannt, den eigentlichen Himmel.
Bei diesem Wechsel lässt die Seele alles hinter sich, was sterblich ist. Als unsterbliche Geist-Seele geht sie in den Himmel ein. Hier lebt sie in göttlicher Herrlichkeit, bis sie genug gelernt hat, um eine neue Verkörperung einzugehen.

Alle Menschen steigen ins Devachan auf. Alle Kinder kehren zurück ins Vaterhaus, ehe sie wieder auf die Reise geschickt werden. Weniger weit entwickelte Seelen erleben diese Welten nur traumartig. Schon die Mental-Welt können viele Seelen nicht bewusst ertragen, es existiert dort zu viel Licht für sie. Sie erleben den Aufenthalt in dieser Welt als angenehmen, schönen Traum und erwachen daraus erst wieder beim Abstieg in den Körper. Sie werden bewusst auf jener Ebene, die ihrer Entwicklung gemäß ist, wenn sie sich auf den Weg zu einer neuen Einkörperung begeben. Während sie in diesem traumhaften Zustand verweilen, erhalten sie in ihrem höheren Körper Belehrungen von Engeln und weiter entwickelten Seelen, die sie auf ihr neues Erdenleben vorbereiten, ähnlich wie lebenden Menschen im Schlaf Umgang mit Engeln und höher stehenden Seelen zuteil wird.

Willigis

Die Erfahrungsberichte

Vom Sterben

Wenn ein Mensch abberufen wird, dann ist schon den ganzen Tag derjenige bei ihm, der ihn geleitet. Manche sehen oder fühlen ihn, wieder andere sind völlig ahnungslos. Es ist besser, man sieht oder fühlt ihn, und ist vorbereitet auf die Stunde der Verwandlung. Vielleicht ist es möglich, noch etwas auszugleichen.

Der Geist, der noch viel Erdenschwere hat, ist poltrig. Auch der Mensch ist poltrig, der noch zu sehr im Diesseits steht. Wessen Ohr schon etwas geöffnet ist nach der anderen Seite, der schreckt bei starken Geräuschen zusammen, denn er ist schon im Frieden und der Ruhe dort verankert.

Alle Menschen, die viel Lärm verbreiten, sind weit entfernt von der lautlosen Stille, in die sie eingehen werden. Die verkörperten Seelen, die schon in dem Stadium der Stille sind, bewegen sich geräuschlos, weil sie die Geräusche schmerzen.

Wenn ein Verkörperter diese Erdenwelt verlässt, so fällt er erst in eine Bewusstlosigkeit, in der der Geist scheidet, während die Seele kämpft, ihm zu folgen. Ist der Kampf ausgekämpft, umhüllt die Seele den Geist mit einem Astralgewand, und in diesem Astralgewand ist noch ein Nervennetz, das sie mit der Erdenwelt verbindet. Durch dieses Nervennetz macht sie sich den Geschöpfen der Erde bemerkbar, deren Sinn dafür geöffnet ist. Sie vermag damit zu sprechen, Töne von sich zu geben, Körper zu bewegen und die Schwerkraft aufzuheben. Im Dämmer- oder Seelenreich behält sie diese Fähigkeiten, und mit ihnen wird sie zur Erde gezogen, wenn sie das Lichtreich der Erde oder die davor liegende Zwischenstation der Halbseligen nicht erreicht. Wenn das entkörperte Geistwesen aus der Bewusstlosigkeit der drei Tage erwacht, fällt es in einen Lichtkegel, der so stark ist, dass nur sehr reife Seelen, die schon stark erlichtet hinübergehen, ihn zu ertragen vermögen. Wer ihn erträgt, kehrt

Vom Sterben

sofort heim in das Lichtreich, er streift seinen Seelenleib ab und schwingt auf diesem Lichtpfad in das Licht. Die anderen umfängt das Dunkel oder die graue Dämmerung, die hinüberführt zur lichten Dämmerung, die so hell ist, als wenn ein Erdentag beginnt.

Die ärmsten Seelen sind die, die in ihrer Verfinsterung durch schlechte Taten ihres beendeten Erdenlebens in tiefe Dunkelheit fallen, in der sie nichts erkennen. Nur der „Film"-Streifen ihres Erdenlebens läuft unausgesetzt vor ihrem geistigen Auge. Maßlos zerquält hetzen sie in der Finsternis umher. Entsetzliche Furcht jagt sie, diese dämonisierte Seelen, die Hass säten, ihrem Egoismus frönten, anderen verkörperten Seelen schweren Schaden bereiteten. Nur alle vier Wochen, nach irdischer Zeitrechnung, haben diese Verdunkelten eine winzige Sehmöglichkeit. Wenn das bleiche Licht des Vollmondes über der Erde liegt, schwärmen die Verdunkelten in diesem Lichtstrom zur Erde. Sie haben die große Sehnsucht nach der Erdenwelt in sich, aber nur nach dem Genuss der Erde, und nicht nach dem Frieden, den ein geregeltes Erdenleben bringt.

Die Dämonen, deren Karmaschuld so schwer geworden ist, dass sie ausgeschlossen sind von der Wiederverkörperung auf dieser Erde, übergießen auf der Erdoberfläche besonders verschiedene Angelpunkte, die ihnen entgegenragen, mit ihren Gestalten. Es ist möglich, dass sie ein Mensch, dessen inneres Auge nicht mehr ganz geschlossen ist, sieht. Es sind arme, verlorene Seelen, denen nicht mehr zu helfen ist. Wer sie sieht, erschrecke nicht, er bezeichne sie mit dem Zeichen des Kreuzes, und sie werden entweichen. Sie leben in einer Dunkelheit, die tiefer und undurchdringlicher ist als die dunkelste Nacht in der Erdenwelt. Die graue Dämmerung ist wie Watte. Die Seele hat das Gefühl, sich in einem dichten Walde zu befinden. Das Empfinden einer furchtbaren Einsamkeit belastet sie. Beginnt sie zu denken, wird

Die Erfahrungsberichte

sie sofort dort sein, woran sie denkt. Sie wird in ihrem verlassenen Heim sein, wird ihre zurückgebliebenen Angehörigen sehen, wird versuchen, sich ihnen bemerkbar zu machen, wird sie berühren, wird sie umarmen und wird immer wieder erleben, dass sie nicht bemerkt wird. Nach vielen erfolglosen Versuchen wird sie betrübt zurückkehren in die graue Einsamkeit. Sie wird umherirren. Wie lange, weiß sie nicht, denn sie hat kein Zeitgefühl mehr. Hier und da leuchtet in der Ferne ein Licht auf, darauf gleitet sie zu. Es kann ein lichteres Geistwesen sein, es kann aber auch die lichte Aura eines Verkörperten sein. So sucht diese Seele durch lange Zeit nach Hilfe aus ihrer Lage, bis vielleicht ein helles Gesicht in diesem Grau aufleuchtet und sie beglückt in diesem den ihr vorangegangenen Vater oder die Mutter des letzten Erdenlebens erkennt oder irgendeine andere Seele, mit der sie innig verbunden gewesen ist und die nun gleich ihr in der Dämmerwelt weilt. Diese wird sich ihrer annehmen, wird sie mit sich nehmen in ihre hellere Sphäre, weil sie reifer war oder reifte und im Glauben schwingt. An ihrer Seite wird sie die großen Lichtfeste miterleben, wenn in der Heiligen Nacht, am Ostermorgen, Pfingsten, Johannisnacht und Allerheiligen die Lichtwelt hinüberschimmert, das riesige Dreieck aufleuchtet und sich das Licht des Lichtreiches in das Dämmerreich ergießt. Sie wird die wundervolle Schönheit der Lichtgeister erleben, die auf der Lichtstraße, die von dem riesigen, glutenden Dreieck ausgehend bei den Lichtfesten das Dämmerreich durchschneidet, auf- und niederschweben. Sie wird verzückten und seligen Herzens schauen, wie viele Seelen, die reif geworden, aufleuchten, wenn sie die Lichtstraße betreten. Sie wird Chöre von unendlicher Schönheit und seltener Harmonie hören. Es ist, als ob der Wind durch eine Harfe weht. Es ist, als ob tausend Vögel singen. Sie singen Hosianna, wie die Wellen durch den Äther laufen. Die Schwingungen, die von den seligen Geistern ausgehen, erzeugen die wunderbarsten Töne.

Vom Sterben

Strahlendes Licht umglutet sie, wie einer Sonnenaura goldener Schein. Die schauende Seele wird es ergreifen, wenn diese heimkehrenden Seelen ihren Seelenleib abstreifen, um nur noch Geist zu sein, um dann den Blicken der Zurückbleibenden entrückt zu werden. Dieses Abstreifen des Seelenleibes kommt einem zweiten Sterben gleich, denn wie die Seele den Körper verliert und nicht mehr sichtbar ist für ihre Angehörigen, so verliert sie auch den Seelenleib und ist nicht mehr sichtbar für die Seelen des Dämmerreiches. Heimkehren in das Lichtreich der Erde kann nur die Seele, die die Karmaschuld aller Erdenleben ausgeglichen hat. Denn „... Ihr kommt nicht eher frei, bis ihr alles bis auf den letzten Heller bezahlt habt", spricht der Herr.

Viele Seelen irren durch das Dämmerreich, die den Weg zum Licht nicht finden. Nicht deswegen, weil sie böse Seelen sind. Was heißt böse? Es gibt so viele Seelen, die ein Leben lang suchen und nicht den richtigen Führer finden, der ihnen die Pforten öffnet. Sie tun Gutes, sie leben in Gerechtigkeit, aber das Innerste in der Seele fehlt ihnen, der Glaube an Christus. Der Glaube, der sie hinweghebt aus den Niederungen der Erde. Wenn sie dann durch das Tor des Todes gehen, so erschreckt sie das Licht, das wie ein Scheinwerfer auf sie fällt, denn sie haben kein Licht erwartet. Sie haben nicht erwartet, dass es außer der irdischen Welt noch eine andere gibt, noch dazu eine so intensiv leuchtende. Deshalb fliehen sie, und bald umfängt sie tiefste Finsternis, aus der rückschauend all ihre Versäumnisse emporwachsen. Sie hören das Läuten der Kirchenglocken und sehen sich darüber lächeln, dass es Menschen gibt, die diesem Rufe folgen. Gott ist doch überall. Weshalb soll man ihn in Mauern sperren, und weshalb sollen ihn nur diejenigen finden, die diese Mauern aufsuchen? So waren ihre Gedanken. Und ringsherum hören sie ein Raunen, das allmählich deutlicher wird

Die Erfahrungsberichte

und ihnen alles Mögliche vorerzählt, was sie gar nicht hören wollen. Wohin sind sie geraten? Sind sie wirklich in einer anderen Welt? Unbegreifliche Einsamkeit umfängt sie, wie sie es im irdischen Leben nie gekannt. Das also soll die Ruhe, der Frieden sein, in den die Seele eingeht? Diese Qual ist größer als das Leben. Dann wachsen die guten Momente, das, was sie erlitten und erstrebt, das Gute, was sie getan; und die Nacht weicht der Dämmerung. Und wieder wächst ein Schatten und macht die Dämmerung dunkler. So wechseln Schatten und Dämmerung, bis die Seele, zu neuem Leben geboren, wieder die Erdenwelt betritt. Das sind diejenigen, die weder warm noch kalt waren, die der Herr ausspeit aus Seinem Munde, wieder hinein in den Erdenkessel. Sie drängen selbst zur Wiederverkörperung. Weil sie nicht durchfinden zu Höherem, packt sie die Sehnsucht nach dem Irdischen.
Mit der Geburt ist die Erinnerung verschüttet, die die Seele an die andere Welt hat. Ausgelöscht ist alles. Das Kind weiß nicht, woher es kommt; es ist einfach da und nimmt dieses Dasein mit großer Selbstverständlichkeit hin.
Der Mensch forscht, was nach dem Tode mit ihm geschehen wird, wenn er seine Aufgabe hier erfüllt hat, aber er forscht nur in ganz seltenen Fällen, was vor seiner Geburt mit ihm war. Man erzählt ihm, die Seele wäre vor der Geburt erst erschaffen worden, und damit gibt er sich zufrieden, oder man sagt ihm, er wäre nur entstanden, wie eine Pflanze entsteht, er wäre eben einfach dagewesen, und damit gibt er sich zufrieden. Erst allmählich in unserer Zeit erwächst der Wunsch, nicht nur das Dasein nach dem Tode zu erforschen, sondern auch das vorgeburtliche Dasein. Tausendfältig ist das Leben, und tausendfältig sind die Verpflichtungen, die dem Einzelnen auferlegt sind. Immer reden die Menschen übereinander, sehen die Fehler des anderen, und nur bei sich selber sehen sie diese nicht. Und würden Engelszungen reden und würden Cherubime zur Nach-

folge Christi ermahnen, jeder geht nur soweit mit, als seine persönlichen Eigenheiten ihn mitgehen lassen. Darum sind die, die in der Dämmerung des Jenseits leben, so zahlreich, und die, die über die Dämmerung hinausschwingen, so wenige.

Wenn der Mensch wüsste, dass er nichts Besseres im Jenseits eintauscht, wenn er sich nicht bemüht, über die graue Dämmerung hinauszugelangen! Ist er in ihr, so ist er eingeengt und verfinstert. Er hat viel weniger Bewegungsmöglichkeiten als auf dieser Erde, denn es sind ihm zuerst die Möglichkeiten des Wiedergutmachens genommen. Die Verlassenheit, die er empfindet, ist so groß, wie er sie nie auf der Erde empfunden hat. Fern ist er allen; denen, die er auf der Erde verlassen hat, und denen, zu denen er kommen möchte. Dazwischen schwebt er mit seinen Stimmungen und Bindungen.

Wenn der Mensch darüber nachdenkt und sich ins Gedächtnis ruft, wie es war, als einer seiner Liebsten von ihm ging, so wird er zugeben, dass der erste Eindruck des Verlustes und des Schmerzes darin lag, dass er schmerzhaft empfand, viel Gutes an dem Heimgegangenen versäumt zu haben. Unter diesem Eindruck leiden die Zurückbleibenden, sofern sie nicht eine seelische Einstellung haben, sehr. Dieses Nicht-mehr-gut-machen-Können ist ein ätzender Schmerz.

Wenn er selbst in die andere Welt geht, so nimmt er denselben ätzenden Schmerz mit in jene Welt, den auch der Zurückbleibende fühlt, nur ist er viel intensiver. Er beschränkt sich nicht auf die großen Ereignisse, er geht ins Kleinste. Er holt die kleinen Unterlassungssünden, die fast täglich vorkommen, in erstaunlicher Klarheit wieder hervor, und die Seele leidet unsagbar, denn sie hat auch zuerst keine Gelegenheit, sie gutzumachen. Sie leidet mehr als der Zurückgebliebene, denn dieser geht in seinem Tageslauf, in seinen Geschäften auf, und allmählich verwischt sich das Bild. Die entkörperte Seele hat keinen Tageslauf; an ihr rollen, wie Filmstreifen, die Begebenheiten immer wieder

Die Erfahrungsberichte

vorbei. Erst allmählich kommt sie zu dem Entschluss, auszugleichen. Durch gute Einflüsterungen, durch Führungen versucht sie ihre verursachten Schäden gutzumachen. Je ruhiger sie wird, desto weiter entfernt sie sich, und auch der Zurückbleibende verliert sie allmählich. Die abgeschiedene Seele wird für ihn wesenlos, manchmal kann er sich nicht einmal mehr ihr Gesicht ins Gedächtnis zurückrufen; in seiner Erinnerung ist es verwischt. Er hat die Seele verloren. Sie geht ihren eigenen Weg, weiter weg von ihm. Sie belastet ihn nicht mehr und er belastet sie nicht mehr.

Wo die Dämmerung weicht, auch die lichte Dämmerung, beginnt das blaue Licht des jungen Tages, das strahlend schöne blaue Licht, in dem die schweben, die – Geist im Geiste – sind. Mit der lichten Dämmerung, die entweicht, fallen ihre vielen Namen ihrer Erdverkörperungen, denn deren Karma, deren Schuldverstrickungen, haben sie ausgeglichen. Sie verlassen das Seelenreich und gehen hinüber in das Reich, das, voll vom Glanz einer silbrigen Lichtflut, das Silberreich genannt wird. Wenn die Geist im Geiste die große Weihe empfangen und als reiner Lichtgeist eintreten in das Silberreich, das noch zur Aura der Erde gehört, so sind sie im Reiche der Seligen, die nur unter gewissen Bedingungen oder bei Übernahme von Missionen eine neue Erdverkörperung eingehen. Die Geist im Geiste sind frei von den Beschwerden der Erde und frei von den drückenden Lasten ihrer Erdenverkörperungen. Wenn der Lichtgeist das Silberreich – das Lichtreich der Erde – durchschritten hat und sich dem von intensiver goldfarbener Lichtflut erfüllten Goldreich des Christus nähert, verlässt er die Aura der Erde und betritt die Aura des Sirius, die alle Weltkörper umfasst, die zu dem elektromagnetischen Ringe des Sirius gehören. Die sichtbaren Sonnen sind Wärmekörper, um den verkörperten Seelen das Leben auf allen Planeten zu ermöglichen, denn kein Körper kann leben ohne Sonnenwärme. Weder der höchststehende Seher der Erde noch die Geist im Geiste wissen, ob die Lichtgeister, die das Lichtreich der Erde durchschritten, in der Aura des Sirius einen Planeten bewohnen, der stufenmäßig die Lebewesen der Erdaura aufnimmt. Die Geist im Geiste wissen nur, dass sie die Aura der Erde verlassen, um in die Aura des Sirius einzutreten.

Es ist noch keiner zurückgekommen aus diesem goldfarbenen Reiche des Christus. Nur er selbst, der Herr, und in seinem Auftrage Maria, die Gottesgebärerin, körperten sich ein. Der Herr wollte den Erdenseelen des Erd- und des Dämmerreiches den Weg ins Lichtreich wieder frei machen, das seit den Tagen des Paradieses für die Erdenseelen versperrt war. Als er zurückkehrte, nahm er alle die Seelen mit ins Licht, die seit Jahrtausenden in den höheren Sphären des Dämmerreiches vergeblich gewartet, so auch Abraham und die Seinen.

Jeder Stern hat sein Dämmer- und sein Lichtreich, die sich innerhalb seines elektromagnetischen Ringes befinden. Diese elektromagnetischen Ringe trennen Stern von Stern, sodass jeder auf seinem Platze schwebt und keiner auf den anderen stürzt. Die Geistwelt ist zwischen den sichtbaren Sternen. Die der Erde bewegt sich in der Aura der Erde – dem elektromagnetischen Ringe – frei, doch ist es ihr nicht möglich, zu anderen Sternen, die andere Wesen tragen, zu gelangen. Die Geistwelt ist also bedingt in ihrer Bewegungsfreiheit, sie ist gebunden in der Aura der Erde. Ein Austausch des Guten fließt von ihr zu uns und von uns zu ihr. Aus diesem Grund nähern sich die hellen Geistseelen des Dämmerreiches den Lebenden, die noch das Gewand des Erdenkörpers tragen, und suchen die, mit denen sie Verbindung hatten. Nicht alle Verkörperten können ihrer dunklen Aura wegen von den lichteren Geistern gesehen werden, und nur wenige Verkörperte sehen die Geister. Oft umschweben sie ein geliebtes Wesen, sie sehen dessen Nöte, doch ihre Antwort findet keinen Eingang in sein Ohr, weil der Mensch sich selbst begrenzt. Die Heiligen – die vom Erdenwahn Geheilten – in der

Die Erfahrungsberichte

Aura des Sirius haben die Anschauung Christi, die Seligen haben sie noch nicht. Das Reich der Seligen – das Lichtreich der Erde – kennt keinen Kummer und keine Nöte mehr. Die Geist im Geiste treten ein in das Reich der Seligen, in unerhörte Freude, in unerhörte Harmonie, aber Christus sehen sie noch nicht.
Die großen Lichtfeste, Weihnachten, Ostern, Pfingsten, Johannisnacht und Allerheiligen, die Jahr um Jahr, seit der Rückkehr des Herrn, aufstrahlen, sind die Feste der Heimkehr für die verlorenen Söhne in das Vaterhaus. Diese Lichtfeste sollen aber auch allen Seelen im riesigen Dämmerreich die Wahrheit der Lehre des Herrn eindringlich vor Augen führen, in ihren Herzen die Sehnsucht erwecken, sich frei zu machen von alledem, was sie belastet, dass auch sie sich aufschwingen können in jene lichte Welt, die das Reich der Seligen ist. In diesem Reich bereiten sich die Lichtgeister vor, in das Reich des Christus, die Aura des Sirius, einzugehen. Die Seligen im Lichtreich der Erde werden eingeweiht durch die Cherubime und Seraphime, die in den Lichtreichen aller Planeten, die von der Aura des Sirius umfasst werden, mit anderen Engelscharen tätig sind. Christus ist der Herr der Erde, die ein winziger Bestandteil seines riesigen Reiches ist. Zu ihm streben die, die sein Reich gewinnen wollen. Wer durch die Verkörperungen gelaufen ist, ohne innerlich zu wachsen, hinauszuwachsen aus dem Erdenbewusstsein, wird immer wieder geboren, bis er ausgestoßen wird auf einen Planeten mit einem niedrigeren Gesamtbewusstsein, von wo er den Weg unter sehr schweren Bedingungen von vorne beginnen muss. Wo die Geistseelen im Dämmerreich herrschen, die eine dämonische Ausstrahlung haben, ist eine eisige Kälte. Auch der Mensch wird in der Meditation nach der Wärme und Kälte feststellen können, welche Wesen sich ihm nahen. Wenn es eisig um ihn wird, dann sei er auf der Hut. Nichts Gutes ist in der Nähe. Wenn ihn dagegen laue Luft wie an einem warmen Sommerabend umkost, dann ist Reines in seiner Nähe. Wird er

angehaucht, wie von kaltem Atem, dann rufe er den Namen des Herrn. Der Name Christus ist das Schlüsselwort für ungezählte Geistwesen. Sie eilen sofort herbei und werden den Menschen frei machen von den Wesen der eisigen Dämmerwelt. Eisig ist der Atem dieser Wesen, ohne Liebe ist ihr Herz, auf Bosheit sinnen sie, oder sie lassen Bilder aufschwingen, die den Menschen betören sollen. Darum melde er sie und verbanne sie aus seiner Nähe, damit der Odem nicht vergiftet wird, der ihn umgibt.

Weshalb streift Christus den Gedanken der Wiederverkörperung nur ganz leise in der Verklärungsszene auf dem Berge Tabor? Weil selbst seine Jünger ihn nicht alle verstanden hätten. Sie waren einfache, gläubige Seelen, zu denen er in Gleichnissen sprechen musste, um sich ihnen verständlich zu machen. „Ich könnte euch noch vieles sagen, aber ihr würdet es nicht ertragen", d. h. sie hätten es nicht verstanden.

Nur Eingeweihte wissen, dass die Seele wiederkommt, wenn sie aus der Dämmerwelt, wo sie sich gequält hat für ihre Vergehen, zurückkehrt zu einem neuen Leben. Nur die Kreise, die reif sind, werden den Weg finden und werden die Wahrheit erkennen, und wenn es soweit ist, dass die Welt die Wahrheit vertragen kann, dann werden die Geheimnisse gelüftet werden. Diejenigen aber, die als Pioniere für diese Geheimnisse arbeiten, werden angegriffen aus Bosheit und Hass.

„Was ihr säet, werdet ihr ernten", damit enthüllt die Bibel das fundamentale Gesetz, das in seiner einfachen, aber unerbittlichen Logik den Menschen in seiner unverrückbaren Konsequenz hart und unbarmherzig erscheint. Fielen sie in die Sonderung, d. h. fielen sie aus dem Glauben, sonderten sie sich ab von dem Gott des Lichtes und der Liebe, missachteten sie die Gesetze der Harmonie und der Brüderlichkeit, weil sie, befangen in ihrem Intellekt, in ihrer Begierde nach Reichtum und Macht dieser Welt sich selbst erhöhten und in dieser

Die Erfahrungsberichte

Überheblichkeit Taten vollbrachten, die den göttlichen Gesetzen widersprachen, so können sie wie der verlorene Sohn aus der Absonderung zurückkehren und um Vergebung ihres Irrtums bitten. Die Absonderung wird ihnen vergeben. Der Priester stellt die Verbindung zu Christus wieder her, aber die Auswirkungen der negativen Taten, die der Mensch während seiner Absonderung beging, muss er selbst ausgleichen. Niemand wird sie ihm erlassen oder abnehmen können, denn sie leben in ihm, und er wird diese Bilder seiner Untaten nicht eher los, bis er die Untaten in diesem oder in den folgenden Erdenleben ausgeglichen hat. In der Dämmerwelt werden ihn diese Bilder verfolgen, unausgesetzt, denn er ist mit ihnen allein, und sie werden ihn wieder zur Verkörperung treiben. Wer andere quält, wird gequält werden, nicht nach menschlichen Begriffen in irgendeiner Feuerhölle, sondern in entsetzlicher Selbstqual. Weilt er auf der anderen Seite, so ist dort niemand, der ihn richtet oder straft. Er ist sein eigener Richter, und die Selbstqual über seine Taten, die ihm dauernd vor Augen stehen, veranlassen ihn, die Strafe der Wiedergutmachung auf sich zu nehmen, um sich von dieser Qual zu befreien. Wer sich absondert, schädigt weder den Gott des Lichtes und der Liebe noch Christus, er schädigt nur sich selbst, denn er wird immer ernten, was er sich selbst säte.

Flower A. Newhouse

Die Erfahrungsberichte

Der Tod und das Leben danach

Die Allgegenwart Gottes weiß um die Lektion, das Bedürfnis und den Plan der Seele, die sie vom Erdenleben befreit. Mutig und selbstlos sollten wir unsere Lieben so vollständig freigeben, dass wir im Bewusstsein erhoben werden. Wenn wir unseren Körper verlassen, dann bedeutet das doch nur die Rückkehr in Bereiche grenzenlosen Wohlklanges und Friedens.

Der Christliche Einweihungsweg

Frage: Hemmt unser Kummer um den Tod eines geliebten Menschen dessen Voranschreiten auf der Astralebene?
Antwort: „Befreite" Menschen nehmen telepathisch unsere Gefühle, Bedrängnisse und Gedanken wahr. Unsere Verzweiflung hindert sie daran, in Freiheit weiter zu schreiten. Solange wir nicht über die notwendige Selbstbeherrschung verfügen, fühlen sie sich dazu verpflichtet, in unserer Nähe zu verweilen. Unsere Traurigkeit beruht vorwiegend auf Selbstmitleid. Wir sollten bestrebt sein, uns selbst zu vergessen und über das Positive und Wunderbare nachzusinnen, das unsere Lieben erleben.

Frage: Warum ist eine Einäscherung der Erdbestattung vorzuziehen?
Antwort: Bei der Feuerbestattung werden die höheren Körper unmittelbar aus dem physischen und ätherischen hinausgetrieben. Erst nach Auflösung des Ätherkörpers können sie sich für immer entfernen. Die Leichenverbrennung gibt einem Individuum augenblickliche Freiheit.

Frage: Warum scheinen wir einen geliebten Menschen gerade dann zu verlieren, wenn wir seiner am dringendsten bedürfen? Kürzlich starb mein Mann; ich fühle mich ohne ihn verlassen.

Der Tod und das Leben danach

Antwort: Wenn unsere Lieben von uns gehen, ist dies ein Zeichen dafür, dass sie sich eine Periode der Ruhe und Befreiung von den irdischen Belastungen und Gegebenheiten verdient haben; wir, die zurückbleiben, müssen unabhängig werden und Selbstvertrauen entwickeln. Danken Sie Gott, dem Vater, für die gemeinsame Zeit, und meistern Sie bereitwillig alle Schwierigkeiten, bis Sie wieder mit Ihrem Mann vereint sind.

Frage: Kürzlich verstarb meine Mutter. Glauben Sie, sie wird von mir wissen und in meiner Nähe weilen?
Antwort: In Gedanken wird sie Sie oft segnen; doch je höher sie gelangt und je weiter sie in ihrem neuen Leben voranschreitet, desto weniger wird sie den Wunsch verspüren, in die Erdatmosphäre einzutreten. Durch ihre Gebete werden Sie stets ihre helfenden Gedanken empfangen.

Frage: Wenn ein Ego diese physische Ebene verlässt, beginnt dann eine Periode der Ruhe oder der Aktivität?
Antwort: Das individuelle Stadium seiner geistigen Entwicklung bestimmt, ob es seinen vorübergehenden Aufenthalt in den höheren Dimensionen schlafend oder wachend erlebt. Junge Seelen befinden sich in der Zeit zwischen ihren Inkarnationen in einem schlummerähnlichen Zustand. Jemand, der den Erdenzyklus bis zur Hälfte beendet hat, wird einen größeren Teil seines Aufenthaltes in den höheren Welten schlafend verbringen, gegen Ende jedoch ganz bewusst diese Ebenen erfahren. Hat eine Seele die irdischen Stufen nahezu abgeschlossen, wird sie beim Verlassen dieser Welt und bei der Rückkehr in eine neue Verkörperung alle Ebenen in vollem Bewusstsein durchschreiten.

Frage: Wie lange brauchen wir, um uns nach dem Tode an die höheren Welten anzupassen?

Die Erfahrungsberichte

Antwort: Es ist ausschließlich eine Frage der Veranlagung, ob man sich unmittelbar, nach und nach oder sehr langsam angleicht. Die Mehrzahl der Seelen „erwach" mit Überraschung, Freude und dem heftigen Verlangen, die neue Heimat zu erforschen.

Frage: Womit beschäftigen wir uns auf den inneren Ebenen zwischen den einzelnen Inkarnationen?
Antwort: Wir arbeiten an unserer Selbstverbesserung, indem wir lernen und unsere Talente und Sinne schulen. In dieser dreidimensionalen Welt werden unsere Aktivitäten durch das Bestreben um äußere Sicherheit motiviert. In der vierten und fünften Dimension treibt uns das Verlangen nach Wissen und Selbstüberwindung. Daher besuchen jene auf der nächsten Ebene der Existenz große Schulen unterschiedlichen Lehrstoffes, in denen sie von Adepten in spezifischen Fächern unterrichtet werden.
Jemand, der die Meditation erlernen möchte, mag zu Füßen eines Meisters dieser Kunst sitzen. Vielleicht bedarf er auch der Anleitung und Unterstützung, Selbstkontrolle zu üben oder den tieferen Sinn der Vergebung oder absoluter Toleranz zu erfassen. Diese Notwendigkeit wird ihn in die Nähe eines entsprechenden Lehrers führen. Die Zeit ist stets gegeben, um etwas Sinnvolles aus Gedankensubstanz zu schaffen, sei es ein Heim, eine Kapelle, einen Garten oder einen Hof. Es gibt auch Feste, an denen unendlich viele teilnehmen. Wir beginnen nun wohl zu erkennen, dass unsere Zeit in den höheren Dimensionen ebenso völlig ausgefüllt ist wie auf der Erde; nur gibt es dort weder Zwang noch Energieverlust oder Krankheit, die uns aufhalten oder behindern.

Frage: Kann das Bewusstsein eines Individuums nach dem Tode höhere Ebenen erreichen als während des physischen Schlafes auf Erden?

Der Tod und das Leben danach

Antwort: Während der Körper schläft, betätigt sich sein inneres Selbst im höher-dimensionalen Bewusstsein. Im Allgemeinen jedoch reicht die Zeit, in der es sich vom Körper entfernt, nicht aus, um viel von der inneren Belehrung aufzunehmen. Von siebzig Lebensjahren verbringt der Mensch im Durchschnitt fünfzehn Jahre schlafend. Während dieser Zeit periodischer Zurückgezogenheit vom dreidimensionalen Bewusstsein lernt er eine Menge über Entspannung und Selbstüberwindung, doch erst wenn der Tod ihn von der zeitlich begrenzten äußeren Form befreit hat, ist es ihm möglich, die neuen Kräfte seines wachsenden Geistes ununterbrochen einzusetzen.

Frage: Ist der Aufenthalt in der Astralebene schwierig? Sie betonen die Notwendigkeit unserer Gebete für Bewohner dieses Reiches.
Antwort: Die emotionale Seite unseres Seins vermag sich bei der Rückkehr in die Astralwelt am intensivsten auszudrücken. Jene, die auf Musik, Schönheit und geistige Lehren ansprechen, sind so tief bewegt, dass sie kaum ihr Gleichgewicht wahren können. Andere wiederum, deren Gefühle grob und brutal sind, erfahren eine Intensivierung dieser Instinkte. Diesen Seelen gelten unsere Gebete. Sie stärken ihr innewohnendes Christus-Selbst, was sie bewusster für Frieden und Beherrschtheit arbeiten lässt.

Frage: Wissen unsere Freunde, die den Tod bereits erfahren haben, um unser gegenwärtiges Leben?
Antwort: Ja, jene, die uns vorangegangen sind, besitzen eine Fähigkeit, ein intuitives Empfinden, das sie über unsere Aktivitäten und Fortschritte auf dem Laufenden hält. Doch je größer der zeitliche Abstand zwischen den Erd- und Astralbewohnern wird, desto intensiver wenden sich Letztere ihrer neuen Umgebung zu und setzen ihre Kräfte dort ein; ihr Interesse an der Erde verliert sich immer mehr.

Die Erfahrungsberichte

Frage: Lässt ein zum Zeitpunkt des Todes gealterter physischer Körper unseren Astralkörper ebenfalls „alt" aussehen?
Antwort: Unsere Gedanken und Gefühle beeinflussen die Körper, die wir benutzen. Ist jemand an eine gealterte physische Form gewöhnt, dann mag er sich nach dem Übergang in die höheren Ebenen dort älter vorkommen und vorübergehend auch so erscheinen. Doch Leben in der nächstfolgenden Oktave der Existenz wirkt derartig anregend und heilend, dass mit dahinschwindendem Erdenbewusstsein der Mensch immer jünger wird, bis er schließlich eine jugendliche Reife erreicht hat.

Frage: Glauben Sie, dass das Gebet den Dahingegangenen helfen kann; wenn ja, auf welche Weise?
Antwort: Gebet ruft eine Einflusswelle hervor, die auf jenen, für den es bestimmt ist, zuschwingt. In der Astralwelt können Gedanken gesehen und intensiver gefühlt werden, als auf dreidimensionaler Ebene. Beten wir daher für unsere Lieben in den höheren Regionen, dann werden unsere Gebete nicht nur beobachtet, sie sind auch machtvolle Boten der Kraft und Energie.

Frage: Wie kommt es, dass jemand, der in diesem Verstehen des Lebens geschult wurde, übermächtige Angst vor dem Tode verspürt?
Antwort: Vielleicht ist die Todesfurcht eine der letzten Prüfungen oder Ängste, die ein Mensch noch bestehen muss. Tod heißt vollkommene Entsagung – der Verzicht auf geliebte Menschen, Arbeit, Besitz und Träume. Eine anormale Todesangst zeigt, dass die geprüfte Seele sich damit auseinandersetzen muss, etwas loszulassen, an das sie noch zu stark gebunden ist.
Um diese verschlingende Angst zu bemeistern, sollte man dem Gedanken an den Tod mutig ins Antlitz blicken und über seine Freuden, Vorteile und Segnungen nachsinnen. Führe dir vor

Augen, was der Tod dir nimmt, und löse dich von allem, was dir lieb ist. Bete darum, dass er leicht und still kommen möge und du ihm nicht nur tapfer, sondern erwartungsvoll und glücklich gegenübertrittst.

Frage: Warum leben geplante Babys oft nur wenige Stunden hier auf Erden?
Antwort: Die Schicksalsenergien, die eine solche Seele in die physische Welt bringen, arbeiten unsichtbar für das Allerbeste dieses Individuums. Vielleicht hat die Persönlichkeit in diesem nun kindlichen Körper in einer früheren Inkarnation Selbstmord begangen. Zur Zeit der Geburt, wenn die Seele in ein erneutes Erdenleben eintreten möchte, wird ihr diese Möglichkeit versagt, damit sie den Wert des Lebens schätzen lernt und niemals mehr das Gesetz durch Selbstmord bricht.
In ähnlicher Weise dient diese Lektion auch den Eltern zur Weiterentwicklung. Vielleicht hat dieses Elternpaar in einem früheren Leben seine Kinder nicht willkommen geheißen oder geschätzt. Es kann auch sein, dass jene Kinder sehr fortgeschrittene Seelen sind, die sich zu ihren Eltern hingezogen fühlen, um ihnen zu helfen. Vielleicht wollten sie diese Eltern segnen, waren aber nicht in der Lage, auf der Erde zu verweilen. Wie immer die Lektion, die der Tod bringt, auch sein mag, stets liegt die Absicht darin, jene, die ihm begegnen, für eine größere Selbstlosigkeit und eindeutigere Führung auf dem Wege zur unendlichen Gegenwart, dem Urgrund aller Dinge, dem Mutter-Vater-Schöpfer, vorzubereiten. Die Eltern sollten dankbar sein, dass solche Seelen in ihr Leben treten, um ihre Entwicklung zu beschleunigen.

Frage: Mein ältester Sohn lebte nur vier Tage, doch in dieser Zeit zog er die Aufmerksamkeit der Nachbarn auf sich, indem er sie beobachtete und mir direkt in die Augen blickte, wobei er

mehrmals sagte: „Mama, Mama." Seit er von uns gegangen ist, kam er dreimal zu mir und gab sich durch Personen zu erkennen, die nichts von mir wussten. Das letzte Mal ließ er mir folgende Botschaft zukommen: „Ich bin immer bei dir, gib auf dich Acht." Was hat das für mich zu bedeuten?
Antwort: In der Vergangenheit muss eine sehr enge Bindung zwischen Ihnen und Ihrem Sohn bestanden haben. Es war wohl sein Wunsch, Ihnen als Werkzeug für Ihre geistige Erkenntnis zu dienen.

Frage: Gibt es für jeden von uns eine festgesetzte Zeit, in der wir unseren physischen Körper für immer verlassen?
Antwort: Ja, das höhere Selbst bestimmt vor der Geburt die vorläufige Zeitspanne seines irdischen Daseins.

Frage: Warum musste ein liebenswertes junges Kind im Alter von zehn Jahren so abrupt aus diesem Leben gerissen werden, auch wenn es still und schmerzlos geschah?
Antwort: Wenn ein spirituell und mental entwickeltes Kind bestimmte irdische Erfahrungen abgeschlossen hat, dann wird ihm manchmal auf einfache Weise Befreiung von der Erde geschenkt. Ich glaube, der plötzliche und überraschende Tod Ihrer reizenden Tochter lässt darauf schließen, dass sie eine fortgeschrittene Seele war, die in Ihre Familie kam, um Sie zu segnen und um einige Lektionen und Verpflichtungen abzuschließen, die sie der irdischen Erfahrung noch schuldete. Dass sie aus dieser Lebensschule verhältnismäßig leicht hervorgehen durfte, ist Zeichen ihrer geistigen Entwicklung.
Es wird Ihre Aufgabe sein zu erkennen, dass sie Gottes Kind war und Ihnen für zehn segensreiche Jahre lediglich geborgt wurde. Sie sollten es zu würdigen wissen, dass sie zehn Jahre und nicht nur zehn Tage bei Ihnen weilte. Der tiefere Grund, warum Gott diese Seele, die in Ihre Familie kam, förderte, wird wohl nie völlig

von Ihnen erfasst werden; dennoch, es gibt einen guten Grund. Denken Sie nur an den Segen, den sie Ihnen brachte, und seien Sie *dankbar* dafür.

Kinder, die wie Ihre Tochter diese Welt verlassen, werden in Reiche unsagbarer Schönheit geführt, wo Wesen, *Wächterengel* genannt, wie Erzieherinnen auf Scharen von Kindern Acht geben. Diese verweilen auf einer Ebene, die der Stufe ihrer geistigen Entwicklung entspricht. Ihre Tochter zum Beispiel wird aus jener so genannten *Glückseligkeit der Sphäre* rascher emporsteigen als andere; aber Sie können sie sich viele Jahre lang in einer sehr glücklichen, friedvollen und malerischen Umgebung vorstellen. Während dieser Zeit nimmt sie jeden Gedanken ihrer Eltern und ihrer Familie wahr.

Sie sollten alles tun, um Ihren Kummer zu überwinden, indem Sie dem Willen Gottes vertrauen und sich bemühen, die gesamte Erfahrung in die Liebe und Obhut des Vaters zu legen. Eines Tages werden Sie wissen, warum diese fortgeschrittene Seele zu Ihnen kam, und verstehen, welchen Reichtum sie Ihnen schenkte. Ihr Kommen und Gehen mag wirklich ein größerer Segen sein, als Sie vonseiten der Kinder, die ein Leben lang bleiben werden, erfahren können. Die göttliche Vorsehung geht wundersame Wege, um Sie zu erreichen und zu belehren.

Frage: Wie kann ich meine kleine Tochter am besten in die höheren Dimensionen freigeben?
Antwort: Spirituell gesehen erkennen wir, dass sie für ein höheres Leben bereit war. Sie hatte nur wenige Lektionen hier zu lernen. Ich glaube, sie kam dieses Mal in erster Linie, um Ihnen einen Hauch des Ewigen zu bringen, damit Sie ohne Unterlass nach dem göttlichen Licht suchen. Der Aufenthalt Ihrer Tochter in den grenzenlosen Dimensionen der Ewigkeit gleicht einem offenen Weg, der Sie stets an Gott und ihr Dasein in Seinem Geiste erinnert.

Die Erfahrungsberichte

Sie fragen sich, warum Ihnen Ihre Tochter genommen werden musste. Obgleich diese Überlegungen verständlich sind, dürfen Sie nicht vergessen, dass es zum Zwecke Ihrer eigenen Entwicklung und Ihres Glücks geschah. Jedes Mal, wenn Sie darüber nachdenken, sie freizugeben, sollten Sie dies mit in Betracht ziehen. Verweilen Sie nicht länger bei Ihrem persönlichen Kummer über die vorübergehende Trennung. Denken Sie stattdessen: „Wie glücklich sind wir doch zu schätzen, dass eine so wunderbare und fortgeschrittene Seele für einige Jahre in unserer Mitte weilte. Gott berührte unser Leben durch sie. Wir werden unsere irdischen Tage spiritueller, selbstloser und liebevoller leben, damit wir bei unserer Wiedervereinigung positive Fortschritte gemacht haben werden, angeregt durch die Nähe dieser Seele, die uns für kurze und bedeutsame Zeit besuchte."
Sehr wahrscheinlich unternehmen Sie alles, um andere zu beglücken, andere Kinder inniger zu lieben, ihnen intensiver zu helfen, als aktiven Beweis für die Wertschätzung Ihrer Tochter gegenüber. Denken Sie nicht an die Vergangenheit, sondern an die lebendige Herrlichkeit der Gegenwart, in der Ihr geliebtes Kind sich bewegt und in Gesundheit und Fülle hineinwächst, neuen Rhythmen und Kräften entgegen, die weit jenseits Ihres Vorstellungsvermögens liegen, dennoch nahe genug, dass Gedanken die Trennung überbrücken und Sie geistig mit ihr vereinen.

Hans Stolp

Der Weg nach dem Tod durch die Reiche der geistigen Welt

Der Rückblick in der Ätherwelt

Wir erklärten schon, dass du im Augenblick des Todes deinen physischen Körper ablegst und dann siehst, wie dein ganzes Leben an dir bildhaft vorbeizieht. Das kommt dadurch, weil der Ätherleib, in dem alles gespeichert ist, was du während des Lebens auf Erden erlebt und gedacht hast, nun freigesetzt wird und dir seinen Inhalt in lebendigen, objektiven Bildern zeigt. Dein ganzes Leben steht nun vor dir. Ungefähr drei Tage durchlebst du diesen Rückblick auf dein Leben. Obwohl du natürlich nicht sagen kannst, dass dieser Rückblick dir nichts ausmacht – ganz im Gegenteil –, so betrachtest du ihn doch mit einem objektiven Blick. Ja, so war es, das ist geschehen, das habe ich damals gedacht, so habe ich es damals empfunden, und dort und damals bin ich so oder so mit den Dingen umgegangen. Hierdurch wirst du dir deiner selbst, deines eigenen Ichs, deutlich bewusst. Du erkennst: Derjenige, der das durchgemacht hat, bin ich. Was nun vor mir steht, ist mein Leben.

Nach drei Tagen verblassen die Bilder und der Rückblick hört auf. Das Verblassen bedeutet, dass sich der Ätherleib löst und in die Ätherwelt zurückkehrt.

Der Rückblick in der astralen Welt

Während unseres Lebens auf Erden ist unser Astralleib eine zusammengeballte Form. Beim Eintritt in die Astralwelt will er sich öffnen und in die Astralwelt zurückkehren, aus der er aufgebaut wurde. Die zusammengefügte Form beginnt zu

Der Weg nach dem Tod durch die Reiche der geistigen Welt

zerfließen. Bei diesem Prozess zeigt sich das Wesen des Astralleibs mit allem, was während unseres Lebens auf Erden darin aufgenommen und aufgebaut wurde. Er tritt lebendig und unverhüllt vor uns. So beginnt ein emotionales Wiedererleben des soeben vollendeten Lebens, beginnend beim Augenblick des Sterbens und beim Moment der Geburt endend. Dieser Rückblick findet so statt, dass du nun selbst spürst, was die Menschen um dich herum durch dich erlebt haben – sowohl im positiven wie im negativen Sinne. Der ganze Prozess, der eine längere Zeit dauert, im Durchschnitt ungefähr ein Drittel des vergangenen Lebens, führt dazu, dass du nun, wiederum auf eine andere Art und Weise wie in der Ätherwelt, ein wahres Bild von dir selbst und deinem eigenen Leben erhältst. Gleichzeitig ruft dieses Bild Impulse in dir wach, um in einen folgenden Leben anders und besser zu handeln.

Mit dem Übergang in den Astralleib bist du als Verstorbener in der astralen Welt angekommen. Der Deutlichkeit halber zählen wir die verschiedenen Ebenen der geistigen Welt nacheinander auf:

1. Die Ätherwelt.
2. Die astrale oder die seelische Welt, sowohl die „niedere" als auch die „höhere".
3. Das Devachan, die „niedere" und die „höhere" Lichtwelt. In der christlichen Tradition wird diese niedere und höhere Lichtwelt auch „das Paradies" genannt.
4. Die allerhöchste göttliche Welt, die weit über die höheren Lichtwelten hinausgeht.

In der astralen oder der seelischen Welt geht es, wie vorstehend beschrieben, in erster Linie um das Verarbeiten der irdischen Erlebnisse und Erfahrungen. Diese Verarbeitung beginnt dadurch, dass du dein Leben erneut erlebst – nun über die Seele

Die Erfahrungsberichte

der Menschen, mit denen du zu tun hattest. Jenes erneute Erleben ruft allerlei Gefühle und Emotionen hervor, Freude und Dankbarkeit, aber auch Traurigkeit und Schmerz darüber, was du einem anderen, oft unbewusst, durch Worte, Handlungen oder Fahrlässigkeit angetan hast. Gleichzeitig erhältst du – durch die Welt, in der du dich nun befindest und die geistigen Lichtwesen, die dir in jenem Prozess des Wiedererlebens beistehen – auch Einsicht darin, wie du auf eine bessere Art und Weise hättest handeln können. Durch dieses Wiedererleben und jene Einsicht lernst du und wirst weiser. Nicht nur weiser, auch liebevoller. Denn was der andere durch dich erlitten oder wodurch er Schaden genommen hat, willst du wieder ausgleichen, indem du es nun anders und auf eine gute und liebevolle Weise tust. Dass du es in dem Moment nicht kannst, sondern warten musst bis zu einem nächsten Leben, das ruft dann wiederum Schmerz hervor. So arbeitest du dich durch dein ganzes vergangenes Leben und damit durch den Inhalt deines Astralleibes. Mit jedem Wiedererleben und der darauf folgenden Einsicht und dem Vorsatz, in der Zukunft anders zu handeln, verarbeitest du deine irdischen Erfahrungen, und so kommt dein Geist, dein göttlicher Kern, immer mehr frei.

Wie schon geschildert, geht es in der astralen oder der seelischen Welt, außer um die Verarbeitung des vergangenen Lebens, vor allem auch darum, zu lernen, mit dem Verlust deines physischen Leibes umzugehen. Dadurch, dass du ihn vermisst, kannst du schließlich allerlei Triebe, Begierden, Bedürfnisse, Wünsche und Verlangen nicht mehr erfüllen. Denn ungeachtet der Tatsache, dass der physische Leib nicht mehr da ist, sind nach dem Tod alle diese Kräfte noch aktiv in deiner Seele gegenwärtig und weitgehend auf das physische Dasein ausgerichtet. Diese Bindung lässt dann nach, wenn die Fixierung auf das Physische langsam erloschen ist. In diesem Sinne wird jene Welt,

Der Weg nach dem Tod durch die Reiche der geistigen Welt

---

besonders die niedere seelische Welt, auch *Kama-Loka* genannt, die altindische Bezeichnung für den Ort der Begierden. Das ist der Ort, wo wir von den Begierden und Einflüssen, die mit dem physischen Dasein zusammenhängen, gereinigt und befreit werden und Einsicht erhalten in das, was wesentlich ist und was nicht. Erst dann bist du so weit, dass du die höheren Regionen der geistigen Welt, die Lichtwelt, betreten kannst. Denn in dem Maße, in dem wir als Verstorbene unsere Erlebnisse und Erfahrungen in der seelischen Welt verarbeiten, zur Einsicht gelangen und durch den Prozess des Erlöschens der auf die Erde gerichteten Begierden und Bedürfnisse gehen und somit gereinigt werden, kommt unser göttlicher Kern frei. Freikommen will hier heißen, dass sich unser Geist nun immer mehr öffnet und seine inneren Kräfte entfaltet.

Wie vollzieht sich jene Reise durch die verschiedenen Regionen der astralen oder der seelischen Welt? Willst du diese Frage beantworten, so stößt du unmittelbar schon auf das Problem, dass du für die Beschreibung jener Welt nur Worte zur Verfügung hast, die ihre Bedeutung in der physisch-materiellen Welt erhielten. Die seelische Welt ist jedoch ganz anders und neu. Es herrschen dort ganz andere Gesetze und Gesetzmäßigkeiten als in der physischen Welt. Eigentlich fehlen uns die richtigen Möglichkeiten, um jene Welt in Worten zum Ausdruck zu bringen und zu beschreiben. Vieles kann daher nur in Form von Vergleichen angedeutet werden. Dessen müssen wir uns bewusst sein, wenn wir über die seelische Welt sprechen.

So müssen wir, wenn wir über die verschiedenen Ebenen oder Regionen der seelischen Welt sprechen, uns nicht vorstellen, dass diese nacheinander existieren, sondern ineinander. Sie fließen ineinander über und durchdringen einander. Aus unserer irdischen Art der Wahrnehmung und des Denkens ist es so, als würden wir eine Ebene nach der anderen durchlaufen. In Wirklichkeit öffnet sich dir aber eine Ebene nach der anderen

Die Erfahrungsberichte

in dem Maße, indem man die dafür erforderlichen Eigenschaften und Fähigkeiten besitzt oder im Laufe des Aufenthalts dort erlangt. Du musst also die innere Affinität zu einer solchen Ebene haben, soll sie sich dir öffnen. Das Leben auf Erden und das, was du dort an Seelen- oder geistigen Kräften entwickelt hast, bestimmt, wie dein Leben in der geistigen Welt nach dem Tod aussieht, welche Regionen sich dir öffnen und welche geschlossen bleiben und wie lange du dort verbleibst. Dabei ist es so, dass du mit verschiedenen Teilen deiner Seele in verschiedenen Regionen lebst. Mit den Teilen deiner Seele, in denen du noch unfrei bist, lebst du zunächst in den „niederen" Regionen. Während du mit den Aspekten deiner Seele, in denen dein Geist auf Erden schon halbwegs freigekommen ist, in den höheren Regionen der seelischen oder der geistigen Welt lebst. Hast du dich auf Erden geistig nicht entwickelt und bist du ganz und gar in äußerlichen, materiellen Dingen aufgegangen, so lebst du im Leben nach dem Tod zu einem großen Teil (zunächst) in der niederen seelischen Welt.

Der Prozess des Erlöschens und der Verarbeitung, der also gleichzeitig auch ein Reinigungsprozess ist, beginnt in den niederen Regionen der seelischen Welt. Die seelische Welt kennt sieben Regionen oder Unterebenen. Welche sind das? Rudolf Steiner konnte die verschiedenen Ebenen der geistigen Welt wahrnehmen und erforschen. Er benannte und beschrieb die Regionen der seelischen Welt folgendermaßen:

1. Die Ebene der Begierdenglut
2. Die Ebene der flüssigen Empfänglichkeit für Eindrücke
3. Die Ebene der Wünsche
4. Die Ebene der Lust und Unlust
5. Die Ebene des Seelenlichtes
6. Die Ebene der aktiven Seelenkraft
7. Die Ebene des eigentlichen seelischen Lebens

Der Weg nach dem Tod durch die Reiche der geistigen Welt

Die ersten vier Ebenen werden auch die niedere seelische Welt genannt, weil du als Mensch hier noch stark in deinen Begierden und deiner Ausrichtung auf die physische Welt lebst. Die Ebenen fünf, sechs und sieben umfassen die höhere seelische Welt, weil die Seele hier schon mehr gereinigt ist und der Geist sich schon mehr manifestieren kann.

1. *Die Ebene der Begierdenglut* ist die niedrigste Ebene in der seelischen Welt. Von ihr wirst du angezogen, wenn du während deines Lebens die niedrigsten, mit dem physischen Körper zusammenhängenden selbstsüchtigen Triebe und Begierden ausgelebt hast. In diesen Zustand kommen allein die Menschen, deren Begierden auf die derbsten Dinge gerichtet waren, zum Beispiel sexuelle Begierden, welche die Form der Perversion angenommen haben. Verstorbene, die wenig von diesen Begierden mitbringen, gehen, ohne es zu merken, durch diesen Zustand hindurch, denn sie haben damit keine Verbindung. Die Ebene der Begierdenglut ist ein finsterer Zustand in der seelischen Welt, wo die brennenden Verlangen langsam verzehrt werden. Ein Zustand des Leidens also. Trotzdem dürfen wir dieses läuternde Leiden kein Leiden in derselben Bedeutung nennen wie in der physischen Welt. Im Verlauf der Zeit fängst du als Verstorbener an, nach Läuterung zu verlangen, da du spürst, dass die Ausrottung dieser Begierden die einzige Art und Weise ist, das Leid und die Unvollkommenheit, die hiermit zusammenhängen, zu verringern und weiterzukommen. Deshalb bejahst du zu einem bestimmten Zeitpunkt selbst innerlich diesen Prozess.

2. *Die Ebene der flüssigen Empfänglichkeit für Eindrücke* ist die zweite Region der seelischen Welt. Es hat mit der Beachtung und der Zeit zu tun, die du auf Erden mit Lappalien und einem flüchtigen und oberflächlichen Umgang mit allerlei sinnlichen

Die Erfahrungsberichte

Eindrücken verbracht hast. Du lebst in diesem Zustand, sofern du in deiner Seele von derartigen Neigungen bestimmt wurdest.

3. Die dritte Region ist die *Ebene der Wünsche*. Dem Einfluss dieser Ebene unterziehst du dich durch alles, was du nach dem Tod als Wünsche und Verlangen, die sich auf die Erde richten, mit dir trägst. Zum Beispiel Dinge, die du dort noch tun oder erleben wolltest. Da diese Wünsche und Begierden nicht erfüllt werden können, sterben sie in dieser Ebene allmählich ab.

4. Die vierte Ebene, die *Ebene der Lust und Unlust,* erlegt dir besondere Prüfungen auf. Wie gezeigt, wirken Körper und Seele stark aufeinander ein. Der Körper ruft in der Seele angenehme und schöne Gefühle oder unangenehme Emotionen und Gefühle der Unlust hervor. Während des physischen Lebens erfährst du als Mensch deinen Körper als deine Persönlichkeit. Darauf beruht dein Selbstgefühl, dein Ego-Gefühl. Je stärker du seelisch an jenen Körper gebunden bist, desto mehr ist es der Fall. Nach dem Tod fehlt jedoch der Körper, worauf jenes Selbstgefühl basiert. Deshalb fühlst du dich in deiner Seele sozusagen ausgehöhlt, als hättest du dich selbst verloren. Dieser Zustand währt fort, bis dir klar geworden ist, dass dein wahrer Mensch, dein wirkliches Selbst, nicht in der physischen Welt zu finden ist, sondern ein geistiges Wesen ist. Die Einwirkungen dieser vierten Ebene vernichten also die Illusion der Persönlichkeit, insofern diese auf das Physisch-Körperliche begrenzt ist.
Durch diesen Prozess wird deine Seele geheilt und geläutert. Hier besiegst du das, was dich zuvor stark an die physische Welt gebunden hat, und du wirst nun also gewissermaßen von dir selbst erlöst. Während du bisher überwiegend nur mit dir selbst beschäftigt warst, kannst du dich nun voller Mitgefühl anderen Verstorbenen und geistigen Wesen öffnen, die in der feinstofflichen Welt leben.

Du hast nun die ersten vier Ebenen der seelischen Welt, die niedere seelische Welt, durchlaufen. Wie schnell du dort durchkommst, hängt, wie wir schon sagten, von deinem irdischen Leben ab.
Mit der fünften Ebene betrittst du die höhere seelische Welt. Dann kommst du der echten geistigen Welt, der wahren Lichtwelt, schon näher. Nicht zuletzt weil dein höheres Ich, dein geistiges Selbst, durch all jene Prozesse nun freigekommen ist. Du erfährst jenes allmähliche Freikommen deines Geistes als das Wachwerden einer kreativen, schöpferischen Seelenkraft in deiner Seele. Eine Kraft, die nunmehr als geistiges Licht durch deine Seele hindurch zur Umgebung ausstrahlt. Dies schenkt dir ein tiefes Glücksgefühl und wahre himmlische Seligkeit. Jenes Gefühl wird dadurch verstärkt, dass du nun auch immer mehr hohe geistige Lichtwesen wahrnimmst. Später, in der „dritten Welt", der Devachan-Ebene, siehst und hörst du diese hohen Lichtwesen nicht nur, sondern du wirst auch mit diesen Wesen zusammenarbeiten und wirst schöpferisch aktiv. Das löst ein Gefühl des himmlischen Glücks, der Harmonie, des Friedens und der Erfüllung aus, in einem Maße, dass man es nicht in irdische Worte fassen kann.
Besonders für die höheren Regionen der seelischen Welt, die Ebenen fünf, sechs und sieben, gilt, dass diese sich dir öffnen, sofern du dafür in deinem Erdenleben die Voraussetzungen geschaffen hast, also „ethische und moralische" Ideale gelebt und ein religiöses Gefühl und Spiritualität entwickelt hast.
Die höheren Regionen bleiben dir jedoch in dem Maße verschlossen, in dem du auf Erden eine unmoralische, unsoziale, ungläubige oder in tieferem Sinne „unchristliche" Lebensweise geführt hast. Du hast dann nicht die Schlüssel in der Hand, wodurch sich die Türen dieser Regionen für dich öffnen. Wobei mit „unchristlich" hier nicht gemeint ist, dass du am Sonntag nicht zur Kirche gingst oder kein Mitglied einer Kirche warst,

Die Erfahrungsberichte

sondern dass du in dir selbst keine Liebeskräfte entwickelt hast, Kräfte, welche von Christus ausgehen.
Für die Verstorbenen, die in der fünften, sechsten und siebten Ebene der seelischen Welt durch ihren Lebensstil auf Erden die notwendigen Eigenschaften vermissen, bedeutet das Leben in dieser Periode ein Leben in quälender Einsamkeit. Hier erfährst du dich selbst, als wenn du in einer Schale oder in einem Gefängnis lebst, aus dem du nicht entkommen kannst. Auch hier gilt, dass du in jenem Zustand bleibst, bis du zu der Einsicht gekommen bist, worum es im Leben wirklich geht und dies auch als wahr erfährst.
Wer sich jedoch durch seine Lebensweise auf Erden gut in diesen Sphären einleben kann, erhält jene Kräfte, die in einem folgenden Leben zu einem gesunden und kräftigen Astral- und Ätherkörper führen. Denn indem du dich mit dieser Sphäre verbinden kannst, können die hohen geistigen Wesen, die diese Ebenen bewohnen, dich erreichen und dir ihre belebenden geistigen Kräfte schenken.

5. Die fünfte Region ist die *Ebene des Seelenlichtes*. Indem sich, als Verstorbener, deine Seele schon größtenteils von der Ausrichtung auf das physische Dasein befreit hat, wird das Interesse für jene andere Lebenswelt zu einer stets größer werdenden Kraft. Trotzdem finden auch hier noch Läuterungsprozesse statt.
Mit jener fünften Ebene sind die Seelen der Verstorbenen verwandt, die während ihres physischen Lebens nicht gänzlich in der Befriedigung von niederen Bedürfnissen aufgegangen sind, sondern sich an ihrer Umgebung erfreuen, wie zum Beispiel der Natur, und die davon auch etwas aufgenommen haben. Von der Natur aufnehmen kannst du allerdings auf verschiedene Weisen. Du kannst von ihr aufnehmen und davon ein tolles Gefühl bekommen, und dabei bleibt es dann. Du

Erlösung

Die Erfahrungsberichte

kannst aber auch von der Natur aufnehmen und dich gleichzeitig in die Art und Weise vertiefen, auf die der Geist in der Natur zum Ausdruck kommt. So erkennst du wie im Vergänglichen der Natur etwas Unvergängliches, Göttliches, lebt und spürbar und sichtbar wird, was deine Bewunderung erweckt und dich mit Ehrfurcht und Dankbarkeit erfüllt. Die erste Art und Weise des Aufnehmens in jener Ebene der Astralwelt erfordert Läuterung, weil du dich hier allein auf das Äußerliche in der Natur beschränkst und dabei nicht mehr als deine physischen Sinne gebrauchst. Die zweite Art und Weise der Empfänglichkeit für die Natur bringt dich jedoch in Verbindung mit dem Geist selbst und wird dadurch zu einer bleibenden Kraft in dir. Dann ist in jener fünften Ebene keine Läuterung mehr erforderlich, denn dann bringst du das geistige Element schon mit.
Auch wenn deine Seele während des Lebens auf Erden von deinen religiösen Tätigkeiten vor allem ein gutes Gefühl übrig behalten wollte oder wenn du dich dadurch körperlich besser fühlen wolltest, wirst du hier geläutert. Du wirst dir dann nämlich der Illusionen bewusst, die diese Haltung auf Erden ausgelöst hat. Genau wie in den anderen Regionen bleibst du genauso lange in jener Ebene, bis das Verlangen nach dem irdischen Erleben der Religion vernichtet worden ist. Hier lebst du mit anderen zusammen, die genau wie du Affinität zur Natur und zum religiösen Leben hatten und damit in gleicher Weise umgingen. Das gibt ein intensives Gefühl der Verbundenheit miteinander.

6. Die sechste Ebene ist die *Ebene der aktiven Seelenkraft*. Hast du im Leben das Vermögen zum Geben von Liebe geübt, so wird dieses Vermögen in jener Ebene verstärkt, weil du dann die kosmischen Liebeskräfte aufnehmen kannst, die dir in jener Ebene hohe geistige Wesen entgegenstrahlen.
In dieser Region der Astralwelt wird jener Teil der Seele ge-

läutert, der, ohne egoistisch zu sein, allerlei Gutes verrichtete, der aber dennoch durch die sinnliche Befriedigung motiviert wurde, die jene Taten auslösten. Viele Idealisten opfern sich als Person auf, um ein bestimmtes Ideal zu realisieren. An und für sich ist das natürlich gut. Aber meistens spielt die Befriedigung eine Rolle, die sie selbst dabei erfahren. Dasselbe gilt für das Werk, das Künstler und Wissenschaftler verrichten. Jene Neigung wird hier gereinigt.

7. Die siebte Ebene, *die Ebene des eigentlichen seelischen Lebens*, ist die letzte der sieben Stufen der Seelenreinigung. Hier verschwinden die letzten Reste, die dich seelisch noch mit der Erde verbinden. Als gestorbene Seele erreichst du nun das Herz des Alls, wo Christus die ganze Menschheit vereinigt. Du fühlst dich eins mit dem weiten Universum, und das, was du früher auf Erden warst, empfindest du nun als etwas, das dir fern steht. Trotzdem findet auch hier noch eine Läuterung statt. Denn was deinen Geist, dein eigentliches geistiges Lichtwesen, nun als Letztes noch umgibt, ist die Auffassung, dass dieser seine Zuwendung ganz und gar der physischen Welt widmen muss. Wie äußert sich das? Viele Menschen, darunter auch viele Wissenschaftler, richten sich in ihrer Forschung auf Prozesse, die ausschließlich die physische Wirklichkeit betreffen. Alles, was darüber hinausgeht, wird als nebulös oder unwissenschaftlich angesehen. Einen solchen Glauben, der sich bloß auf die materielle Welt beschränkt und den Geist leugnet, nennt man materialistisch. Dieser Glaube muss vernichtet werden, willst du als Verstorbener weiterkommen. Das geschieht in der siebten Ebene. In der wahren Wirklichkeit, in der du dich dann befindest, merkst du, dass es keinen einzigen Grund für eine derartig materialistische Denkweise gibt. Jener Glaube schmilzt hier wie Schnee an der Sonne. Du wirst dir dessen bewusst, dass alles, was man auf Erden vorfinden kann, seinen Ursprung in der göttlichen

Welt hat. Durch alle diese Einsichten löst sich dein Geist von der Ausrichtung auf die physische Welt.

In dieser siebten Region kannst du dich nur einleben, wenn du Toleranz geübt hast und das über alle Religionen und Glaubensauffassungen hinausgehende, Menschen verbindende geistige Element in dich aufgenommen hast. Das heißt, wenn du auch in dem anderen Menschen den göttlichen Geist erkannt hast, der alles und alle miteinander verbindet.

Wenn die siebte Ebene durchlebt ist, hat deine Seele nicht nur während des Erdenlebens ihre Aufgabe vollbracht, sondern sie hat auch alles abgeschüttelt, was dich als geistiges Wesen noch gefangen hielt. Die Aufgabe der Seele ist damit erfüllt. Sie kann nun ihrem eigenen Element, der astralen Seelenwelt, zurückgegeben werden. Damit wird dann auch der letzte Rest des Astralleibes abgelegt.

Dein geistiges Wesen ist nun von allen Banden befreit, bereichert mit allem, was das Erdenleben und der Verarbeitungs- und Reinigungsprozess in der Äther- und der Astralwelt gebracht haben. Ein strahlendes Licht geht nunmehr von dir aus. Du fängst an, um dich herum die Klänge, die Sphärenmusik, der geistigen Welt zu hören. Du erhebst dich nun zu noch höheren Regionen, wo du in deinem eigenen Element, der Devachan-Ebene oder dem Paradies, leben wirst. Dort wirst du, in Zusammenarbeit mit den geistigen Wesen dieser Lichtwelten, zu Gunsten der weiteren Entwicklung der Menschheit und des Kosmos schöpferisch aktiv.

Der Aufenthalt in den Lichtwelten oder der Devachan-Ebene

Bevor wir dem Geist oder dem göttlichen Kern auf seinem weiteren Weg folgen können, müssen wir zunächst etwas über

Der Aufenthalt in den Lichtwelten oder der Devachan-Ebene

die Gefilde erfahren, in denen dieser nunmehr leben wird: die Welt des Geistes, das Paradies oder die Devachan-Ebene. Diese Welt ähnelt der physischen Welt so wenig, dass du diese, noch stärker als bei der seelischen Welt, nur durch Andeutungen beschreiben kannst. Rudolf Steiner wies zum Beispiel darauf hin, dass diese Welt aus einem „Stoff" gewebt ist, aus dem auch der menschliche Gedanke besteht. Es ist eine Welt der lebenden Gedanken oder der geistigen Wesen. Jene lebenden Gedanken oder geistigen Wesen werden – zum Beispiel von Platon – auch Urbilder genannt. Sie stellen hier auf geistigem Gebiet alles dar, was auf Erden, in der Ätherwelt und in der seelischen Welt in Form und Erscheinung tritt. Die Urbilder sind folglich schöpferische Wesen. Alles in diesem Gefilde ist denn auch in dauernder aktiver Bewegung. Alles ist unaufhörlich kreativ wirksam. Ruhe, das Verbleiben an einem einzigen Ort, wie es in der physischen und in der seelischen Welt vorkommt, existiert hier nicht. Du kannst die Situation hier am besten als eine Werkstatt der Gedanken beschreiben, wo alles gemacht wird, was du als Mensch im irdischen Dasein erleben kannst. Jeder Stein, jede Pflanze oder jeder Baum, jedes Tier, das auf Erden existiert, aber auch jeder Mensch und alles, was auf dem Gebiet der menschlichen Kreativität verwirklicht wird, findet hier seinen Ursprung, sein Urbild, sein lebendes Gedankenbild. Auf Erden sind jener Stein, jene Pflanze, jener Baum, jenes Tier, jener Mensch und jenes Kunstwerk lediglich ein Abbild der Urbilder dieser Region der geistigen Welt. Auch begegnest du, als schöpferisches Gedankenwesen, hier dem Urbild deines eigenen physischen Körpers.

Die Urbilder sind Energie, Schwingung, Klang. Sie klingen. Jenes Klingen ist ein rein geistiges Geschehen, das du nicht mit Klängen in der physischen Welt vergleichen kannst. In jenem geistigen Klingen, jenem Meer von Klängen, drücken die Wesen der geistigen Welt sich aus. In ihrem Einklang, in ihren Harmo-

Die Erfahrungsberichte

nien, Rhythmen und Melodien kommen die Urgesetze ihres Daseins, ihre gegenseitigen Beziehungen und Verwandtschaften zum Ausdruck. Es ist deutlich, dass Rittelmeyer über diese Region in der geistigen Welt sprach, als er über das „Singen", das „Klingen" der Engelscharen berichtete.

Die Entwicklung deines Geistes im Devachan oder im Paradies kommt zu Stande, indem du dich in den verschiedenen Regionen dieses Reiches einlebst. Nach und nach verschmilzt dein eigenes Wesen mit den geistigen Wesen, die diese Regionen bewohnen, und du nimmst vorübergehend ihre Eigenschaften an. Diese durchdringen daraufhin dein Wesen mit ihrem schöpferischen Wesen und schenken dir auf diese Weise ihre Kräfte, sodass du auf diesem Gebiet später als Mensch in verstärktem Maße auf Erden wirksam sein kannst.

Das will besagen, dass du in diesen Regionen der geistigen Welt die Früchte, den Ertrag deines Lebens, überträgst und dafür neue geistige Kräfte und Fähigkeiten zurückbekommst, womit du in deiner nächsten Inkarnation auf Erden wieder weiterkommen kannst. In gewissem Sinne beginnt hier also schon die Vorbereitung für das nächste Leben auf Erden.

Hier wirst du dir immer deutlicher bewusst, dass du mit deinem eigentlichen Wesen zur geistigen Lichtwelt gehörst. Im Vedanta wird jenes Bewusstsein durch die Redewendung ausgedrückt: „Ich bin Brahman." Das will heißen: Ich mache einen Teil des Urwesens aus, dem alle Wesen entstammen.

Genau wie die seelische Welt oder die Astralwelt kennt auch die Devachan-Ebene sieben Unterebenen. Auch diese sind zu unterscheiden in vier „niedere" Regionen und drei „höhere". Auf jeder Ebene kann man die hier beschriebenen Urbilder antreffen. So findest du in der ersten Ebene die Urbilder der physischen Welt, in der zweiten Ebene die Urbilder des Lebens, in der dritten Ebene die Urbilder von allem, was mit der Seele zu tun hat. Die Urbilder der vierten Ebene haben nicht direkt

Der Aufenthalt in den Lichtwelten oder der Devachan-Ebene

mit den anderen Welten zu tun. Sie sind in gewisser Hinsicht Wesen, welche die Urbilder der drei niederen Ebenen dominieren und ihr Zusammenwirken zu Stande bringen.
Die fünfte, sechste und siebte Ebene unterscheiden sich jedoch fundamental von den vorigen. Die Wesen, die sich hier befinden, geben den Urbildern der niederen Ebenen die Impulse für ihre Aktivität. Hier lernst du den Sinn kennen, der unserer Welt zu Grunde liegt.

Wir wollen versuchen, diese Ebenen global zu beschreiben.

1. In der ersten Ebene begegnet dir als Urbild, als lebendes Gedankenwesen, alles, was für deine irdischen Situationen bestimmend war – deine Familie, das Volk, in das du hineingeboren wurdest, das Land, wo du gelebt hast, die Freunde, die du hattest, die Arbeit, die du verrichtetest und so weiter. Das alles erlebst du auf eine bestimmte Art und Weise noch einmal, jetzt aber aus der aktiven geistigen Richtung. Die Liebe, die du deiner Familie gegenüber hegtest, die Freundschaft, die du anderen bewiesen hast, das alles wird nun aus dem Innern heraus in dir lebendig. Und dein Vermögen in diese Richtung wird verstärkt. Du wirst verbunden mit den liebevollen Impulsen, aus denen heraus du auf Erden lebtest und handeltest. In dieser Hinsicht trittst du später als vollkommenerer Mensch erneut ins Erdendasein ein.
Alle Menschen, mit denen du in der physischen Welt zusammenlebtest und mit denen du innerlich verbunden warst, findest du in jener Region der geistigen Welt wieder. Auf geistige Art und Weise setzt du dort das gemeinsame Leben fort, in gegenseitiger Liebe und Respekt, nicht länger durch alle Beschränkungen behindert, die das Leben im physischen Dasein mit sich brachte.

Die Erfahrungsberichte

2. In der zweiten Ebene begegnest du den Urbildern des Lebens, den lebenden Gedankenwesen, welche die lebende Einheit erzeugen, die in allem gegenwärtig ist. Während des Daseins auf Erden drückt sich die Wirkung dieses Urbilds in jeder Form der Achtung aus, die du als Mensch gegenüber dem Ganzen, gegenüber der Einheit der Menschheit oder der Harmonie der Welt empfindest. Das religiöse Leben auf Erden rührt aus jener Region her. Der Begriff „Religion" bedeutet: Verbundenheit mit dem großen Ganzen, mit Gott. In dieser Region treten die Früchte jenes religiösen Lebens und somit jenes vereinten Lebens und allem, was damit zusammenhängt, hervor. Als Mensch weißt du nicht nur, sondern du siehst dort auch durch geistige Erfahrung, dass dein individuelles Los nicht von der Gemeinschaft getrennt werden kann, zu der du gehörst. Hier entwickelst du das Vermögen, dich selbst als Teil eines Ganzen zu sehen. Außerdem wird dein Gewissen, dein religiöses Gefühl, das auf Reinheit und Aufrichtigkeit gerichtet ist, in dieser Region verstärkt. Das Geschenk, das du in dieser Region erhältst, ist denn auch, dass du mit einem gewachsenen Vermögen an Aufrichtigkeit und Reinheit wirst reinkarnieren dürfen.

In dieser zweiten Ebene verbindest du dich mit all denjenigen, mit denen du im weiteren Sinne durch gemeinsame Ideale oder Überzeugungen verbunden bist.

Nun berichten manche Menschen, die eine Nah-Tod-Erfahrung hatten, dass sie während jener Erfahrung Familienangehörigen oder anderen lieben Personen begegneten, die kurz davor oder schon vor längerer Zeit gestorben waren. Das muss also eine Begegnung in der ersten Region der Devachan-Ebene gewesen sein. In jener Region geht es ausschließlich um Familie, Volk, Land, Freunde und dergleichen.

Andere berichten, dass sie keine verstorbenen Bekannten sahen, sondern vor allem Menschen begegneten, die dieselben Interessen und Belange hatten wie sie. Diese Begegnung muss

Der Aufenthalt in den Lichtwelten oder der Devachan-Ebene

folglich in der zweiten Region der Devachan-Ebene stattgefunden haben, wo es um die Verbundenheit im Geiste geht. Auch die folgende Nah-Tod-Erfahrung könnte in der zweiten Region der Devachan-Ebene stattgefunden haben. Ein Mann, der eine solche Erfahrung hatte, schildert die folgende Situation: „Ich kannte sie ganz und gar, genau wie sie mich ganz und gar kannten, ohne Worte und ohne Nachdenken. Ich begriff, dass jeder in einem Zustand der Vollkommenheit, der Harmonie und Liebe mit dem anderen lebte. Wir waren frei von all den trügerischen Dingen, wie Land, Nahrung oder Wohnung, die laut Historikern die Ursache für Kriege und andere Konflikte sind. Diese Umstände brachten mich in einen außergewöhnlichen Zustand, denn weder Hass noch andere störende Emotionen waren vorhanden. Es gab lediglich eine allgegenwärtige Liebe. Und jene Liebe war so vollkommen, dass auch Gefühle wie Rücksicht, Respekt, Mitgefühl, Anteilnahme, die ihr nahe liegen, darin aufgenommen waren ... das alles verschmolz zu einem Ganzen."

Was du in früheren Regionen erfährst, bleibt in den folgenden Regionen erhalten. Die Bande mit deiner Familie und deinen Freunden werden also nicht abgebrochen, wenn du in das Leben der zweiten oder eine der folgenden Regionen eintrittst. Auch in der Devachan-Ebene sind die Regionen nicht voneinander getrennt, sondern ineinander gegenwärtig. Jede neue Region erlebst du oder sie öffnet sich dir, wenn du in dir selbst die innerlichen Kräfte erworben hast, um das wahrzunehmen, was du zuvor nicht sahst. Wenn du dich auch mitten darin befandest.

3. Die dritte Ebene der Geisteswelt enthält die Urbilder der seelischen Welt. Alles, was in der seelischen oder der Astralwelt lebt, ist hier, in dieser dritten Region der Devachan-Ebene, als lebendes Urbild oder Gedankenwesen gegenwärtig. Hier trägt

Die Erfahrungsberichte

alles Frucht, was du als Mensch auf Erden im Dienste der Allgemeinheit in selbstloser Hingabe für deine Mitmenschen getan hast. Denn durch jene Hingabe lebtest du in der Inspiration aus dieser dritten Region der Devachan-Ebene.

Alle Wohltäter der Menschheit, die zum Segen der Gesellschaft arbeiteten, wie zum Beispiel Gandhi, Mutter Theresa oder Nelson Mandela, erhielten die Kräfte dazu in dieser Region. Das geschah, weil sie durch ihre Lebensweise in früheren Leben eine besondere Verwandtschaft mit dieser Region entwickelt hatten.

4. Die vierte Ebene enthält die Urbilder von allem, was der Mensch an originellen Schöpfungen seines Geistes in die Welt bringt und dem er Gestalt zu verleihen weiß. Wir müssen hier an menschliche Schöpfungen auf dem Gebiet der Kunst und Wissenschaft denken, an Erfindungen in der Welt der Technik, an Staatsformen, die entworfen werden und dergleichen. Ohne Zutun des Menschen existierten von all dem keine physischen Abbilder in der Welt. Den Impulsen aus jener vierten Ebene verdanken wir das weitere Wachstum der Menschheit auf Erden. Umgekehrt bringen wir auch etwas aus diesem Gefilde zurück. Denn was der Mensch während seines Lebens auf Erden an wissenschaftlichen Resultaten, an künstlerischen Ideen und Kreationen, an technischen Einfällen usw. zu Stande zu bringen weiß, trägt in jener vierten Ebene Frucht und wird dort wirksam. Das ist jene Region, wo Künstler, wo Gelehrte, wo große Erfinder während ihres vorigen Aufenthalts in der Devachan-Ebene sich ihre Impulse geholt haben, wodurch sie ihre Genialität vergrößern konnten, um in der heutigen Inkarnation in noch stärkerem Maße zur weiteren Entwicklung der menschlichen Kultur beitragen zu können. Wahrscheinlich ist dies die Region, die George Ritchie beschrieb, als er über die Sphäre in der geistigen Welt sprach, wo Erfindungen gemacht werden, die später auf Erden durch das Zutun der Menschen „physisch" werden.

Der Aufenthalt in den Lichtwelten oder der Devachan-Ebene

In den noch höheren Regionen der Devachan-Ebene, der fünften, sechsten und siebten Ebene, steigst du zu der höheren Lichtwelt auf, wo du die Absichten erfahren darfst, die der Geist hinsichtlich des Lebens auf Erden hat. In diesen letzten drei Regionen oder Sphären stehst du als geistiges Wesen in den Strahlen jener erhabenen Wesen, für deren Blick die allerhöchste göttliche Weisheit und die Mächte der Liebe in den noch viel höheren göttlichen Sphären unverhüllt sichtbar sind. Wir kennen diese erhabenen Wesen im höheren Devachan auch als die höchsten Engelwesen, welche Seraphim, Cherubim und Throne genannt werden.

Hier, in diesen höheren Regionen der Devachan-Ebene, begegnest du auch den Menschengeistern, mit denen du in folgenden Leben auf Erden verbunden sein wirst.

5. Wer du als geistiges Wesen eigentlich bist, tritt in der Zeit zwischen zwei Inkarnationen am deutlichsten hervor, wenn du zur fünften Ebene aufsteigst. Was du hier bist, das bist du wirklich, das ist dein Selbst: Derjenige, der in jeder Inkarnation zwar stets eine andere äußere Form annimmt, aber dennoch immer wieder als ein und derselbe erscheint. Hier bist du als geistiges Lichtwesen in deinem eigenen Element. Das geistige Selbst nimmt die Früchte der vorigen Leben mit ins folgende. Es ist der Träger der Ergebnisse der früheren Inkarnationen.

In jener fünften Ebene kann sich dein wahres Selbst in alle Richtungen frei entfalten. Die Kraft, die du aus dieser Region zu einem folgenden Leben mitnimmst, hängt von dem Maße der Verwandtschaft ab, das du auf Erden mit dieser Region entwickelt hast. Hattest du auf Erden ein aktives geistiges Leben oder hast durch weise tatkräftige Liebe versucht, die Absichten des Geistes zu verwirklichen, so wirst du eine besondere Bindung mit dieser Region haben. Bist du vollständig im gewöhnlichen, alltäglichen Leben aufgegangen und hast du dich

Die Erfahrungsberichte

---

nur mit oberflächlichen Dingen beschäftigt, dann hast du nichts gesät, was in jener Region Früchte tragen kann, und du bekommst folglich auch wenig aus dieser Region mit. Der Aufenthalt in jener fünften Region kann dazu führen, dass in dir der Drang entsteht, dir selbst durch spezielle schicksalhafte Ereignisse im folgenden physischen Leben solch einen Impuls zu geben, dass du nicht darum herumkommst, die Kräfte und Eigenschaften zu entwickeln, die in diese Region gehören. Als Beispiel für solch einen Eingriff in das Schicksal, der das erreichte, könnte die Nah-Tod-Erfahrung einer Frau dienen. Für sie führte diese Erfahrung dazu, dass sie alles zunächst durchdachte und danach strebte, Gutes zu tun um des Guten willen. Durch derartige Bestrebungen wird das geistige Selbst entwickelt.

In der fünften Ebene blickst du auf deine eigene irdische Vergangenheit zurück und spürst, dass alles, was du darin erfahren hast, aufgenommen wird in die Absichten, die in der Zukunft verwirklicht werden sollen.

Das bedeutet, dass du in dieser Region Einsicht erhältst in den großen Entwicklungsplan der Menschheit, von dem du einen aktiven Teil ausmachst.

Außer dieser Einsicht in groben Umrissen erhältst du auch eine Art Rückblick auf deine eigenen früheren Leben und eine Art prophetischen Vorausblick auf spätere Inkarnationen. So entwickelt sich in jener Region der göttliche Kern in dir; und das bereitet dich weiter vor, um in einer neuen Inkarnation im Stande zu sein, die geistigen Absichten hinsichtlich der Welt und der gesamten Menschheit noch stärker in der irdischen Wirklichkeit zu realisieren.

6. In der sechsten Region der Devachan-Ebene vollbringst du in deinen Taten all das, was mit dem wahren Wesen der Welt am meisten übereinstimmt. Das heißt, dass du nicht danach suchst, was dir selbst zum Vorteil gereicht, sondern allein nach

Der Aufenthalt in den Lichtwelten oder der Devachan-Ebene

dem, was geschehen muss, auf dass die Erde und der Kosmos sich in der richtigen Art und Weise entwickeln.

7. Die siebte Region von der Devachan-Ebene führt zu der Grenze, welche die Lichtwelten von den noch viel höheren, übergeistigen Regionen trennt – die allerhöchste göttliche Welt, die Ebene der göttlichen Trinität. In diesen unermesslichen, nicht in irdischen Worten zu beschreibenden Welten leben die allerhöchsten göttlichen Schöpfungsmächte und Liebeskräfte, in deren Dienst alle geistigen Wesen der geistigen Welt stehen. Auch durch jene höchsten göttlichen Gefilde gehst du als gestorbener Mensch hindurch, sei es auch unbewusst. Das, was dort lebt und wirkt, kannst du im heutigen Stadium der menschlichen Entwicklung längst noch nicht bewusst erfassen und ertragen. Die meisten Menschen erleben bewusst nach dem Tod nicht viel mehr als die dritte, höchstens die vierte Region der Devachan-Ebene. Dann erlischt ihr Bewusstseinslicht und sie werden unbewusst. Nur Einzelne, die auf Erden dazu die Fähigkeiten entwickelt haben, kommen bewusst weiter. Trotzdem können wir sagen, dass jetzt, wo in unserer Zeit auf Erden der Geist im Herzen und im Ich der Menschen wach wird, immer mehr Verstorbene die fünfte Region der Devachan-Ebene bewusst erreichen werden. Dadurch werden in kommenden Generationen die Kraft und die Wirkung des Geistes auf Erden erheblich verstärkt werden. Nur wenigen, vielleicht niemandem, ist es in unserer Zeit gegeben, die Grenze der allerhöchsten göttlichen Welten bewusst zu überschreiten.

Die Erfahrungsberichte

Der Weg zu einem neuen Dasein auf Erden

Wir Menschen steigen unbewusst bis in die allerhöchste göttliche Welt auf. Dort unterziehen wir uns unbewusst der Wirkung jener Welten. Ganz und gar kosmisch geworden, kommen wir dann zum Wendepunkt des Daseins zwischen Tod und neuer Geburt.
Nun sind wir bereit, um abermals zu einem irdischen Menschendasein hinabzusteigen. Jene Reise zur Erde geht nun in umgekehrter Reihenfolge durch alle beschriebenen Regionen der Devachan-Ebene, der Astral- oder der seelischen Welt und der Ätherwelt. Diesmal allerdings nicht, um Eigenschaften, Möglichkeiten und Impulse abzulegen, sondern um auf jeder Ebene von den dort lebenden geistigen Wesen nicht allein einen Astralleib und ein Ich, sondern auch einen Ätherleib und einen physischen Körper zu empfangen. Außerdem erhältst du von ihnen Gaben, Fähigkeiten und Talente, die du in deiner folgenden Inkarnation gebrauchen kannst. In der dritten Region von der Devachan-Ebene erhältst du zum Beispiel den Keim des menschlichen Erinnerungsvermögens, in der zweiten Region die Möglichkeit, menschliche Gedanken zu formen, und in der ersten Region die geistige Substanz, aus der später dein Ich hervorgeht. Gleichzeitig werden in diesen drei Sphären die geistigen Fundamente für deinen zukünftigen Körperbau gelegt.
Die Qualität von all dem wird bestimmt durch die Qualität dessen, was du auf deiner Hinreise als Ertrag deines vergangenen Lebens abgegeben hast.
In der siebten Sphäre der Astral- oder der seelischen Welt, dem Herzen des Universums, der Region, die eine spezielle Beziehung zu Christus hat, wird das Urbild deines Herzens geformt. In jener Region entsteht auch der erste Kontakt mit dem

Der Weg zu einem neuen Dasein auf Erden

Vererbungsfeld, in welchem du, womöglich erst Jahrhunderte später, geboren werden wirst. In der sechsten und fünften Region dieser seelischen Welt wird dein zukünftiges Los weiter geformt, besonders in Bezug auf die spezielle Familie und das Volk, unter dem du geboren werden wirst. Mit dem Eintritt in die vier niederen Regionen der seelischen oder der Astralwelt werden die entscheidenden Schritte gemacht, um erneut geboren werden zu können. Während sich direkt nach dem Tod in diesen Regionen eine gewaltige Expansion auf dem Gebiet des Bewusstseins vollzieht, ist es nun die Aufgabe der geistigen Wesen, die dort wirken, dein Bewusstsein bis zum Traum-Bewusstsein eines Babys abzuschwächen. Das geschieht während der Periode, da im Mutterschoß der physische Körper für die neue Inkarnation vorbereitet wird.

Epilog

Seit dem Ende des 19. Jahrhunderts hat sich das menschliche Wissen über das Leben nach dem Tod in immensem Ausmaß erweitert. Das hängt zum einen damit zusammen, dass einer Reihe großer Mystiker die Gnade zuteil wurde, weit hineinschauen zu dürfen in jene Welten des Lichtes, die einst die Heimat für alle Menschen sein wird. Zum anderen haben geistig aufgeschlossene Forscher eine solche Fülle an Erlebnisberichten von Menschen zusammengetragen, die selbst an der Schwelle zum Jenseits gestanden haben oder vielleicht kurze „Gast-Besuche" machen durften, dass auch von dieser Seite her der Schleier ein erhebliches Stück gelüftet werden konnte.
Die beeindruckendsten Erfahrungen am Rande des Todes lassen sich dabei ohne Zweifel mit den Erfahrungen der großen Mystiker vergleichen. Die Menschen erleben in diesen Momenten eine Erfahrung der großen Einheit allen Lebens. Der Mensch ist kein isoliertes Wesen, sondern er ist stets eingebunden in die große Ganzheit der Schöpfung.
In bewegender Eindrücklichkeit kommt dies in der Schilderung eines Mannes zum Ausdruck, der Raymond Moody von seinen erschütternden Erfahrungen nach der „Rückkehr aus dem Licht" berichtete:
„Das Erste, was ich sah, als ich im Krankenhaus wieder aufwachte, war eine Blume, und die brachte mich zum Weinen. Ob Sie es glauben oder nicht, aber bevor ich aus dem Tod zurückkehrte, hatte ich noch nie wirklich eine Blume gesehen. Eine wichtige Sache, die mir klar wurde, als ich ‚starb', war, dass wir alle Teil eines allumfassenden, lebendigen Universums sind. Wenn wir glauben, wir können jemand anderem oder einem anderen Lebewesen wehtun, ohne uns selbst wehzutun, dann

Epilog

täuschen wir uns gewaltig. Wenn ich heute einen Wald oder eine Blume oder einen Vogel sehe, sage ich mir: ‚Das bin ich, das ist ein Teil von mir.' Wir sind mit allem, was lebt, verbunden, und wenn wir uns gegenseitig Liebe geben können, dann sind wir glücklich."
Auch die großen Seher des Altertums und die Mystiker des Mittelalters und der Neuzeit brachten diese Einsicht mit aus ihren Schauungen. Alles Leben ist eins; und das Diesseits und das Jenseits sind nicht wirklich getrennt. Wenn sich das menschliche Bewusstsein allmählich erweitern wird, dann wird der Tag kommen, an dem der Tod gänzlich seinen Schrecken verliert. Vielleicht ist die Menschheit diesem Tag näher, als sie glaubt!

Literaturhinweise

Bäzner, Erhard, Das Rätsel des Lebens und das Geheimnis des Todes, Grafing 2004
Kübler-Ross, Elisabeth, Über den Tod und das Leben danach, Melsbach 1984
Dies., Das Rad des Lebens (Autobiografie), München 2004
Leadbeater, Charles W., Das Leben in der Geistigen Welt, Grafing 1992
Ders., Der sichtbare und der unsichtbare Mensch, Grafing 2004
Michel, Peter, Karma und Gnade, Grafing 1992
Moody, Raymond, Leben nach dem Tod, Reinbek 1985
Ders., Das Licht von drüben, Reinbek 1989
Ders., Nachgedanken über das Leben nach dem Tod, Reinbek 1984
Newhouse, Flower A., Der Weg der göttlichen Liebe, Grafing 1986
Stolp, Hans, Begegnungen im Lichtreich, Grafing 2004
Ders., Der Weg ins Jenseits, Grafing 2003
Weigl, Gisela/Wenzel, Franz, Der entschleierte Tod, Grafing 2002
Willigis, Testament eines Eingeweihten, Grafing 1994

Melodie von Geburt, Tod und Wiedergeburt

Insel des geistigen Pfades

Durchgang der Seele durch die Welten

Hölle und Fegefeuer

Ankunft im Jenseits

Zwischen Diesseits und Jenseits

Loslösung des Astral-Leibes

Sterbestunde